做一个理想的法律人
To be a Volljurist

法律人进阶译丛【案例研习】

李 昊／译丛主编

德国大学刑法案例辅导

新生卷·第三版

Fälle zum Strafrecht für
Anfänger
Klausurenkurs I, 3. Auflage

〔德〕埃里克·希尔根多夫／著

黄笑岩／译

北京大学出版社
PEKING UNIVERSITY PRESS

著作权合同登记号　图字:01-2018-0448

图书在版编目(CIP)数据

德国大学刑法案例辅导. 新生卷:第三版／(德)埃里克·希尔根多夫著;
黄笑岩译. —北京:北京大学出版社,2019.12
（法律人进阶译丛）
ISBN 978-7-301-30775-5

Ⅰ.①德…　Ⅱ.①埃…②黄…　Ⅲ.①刑法—案例—德国—高等学校—教学参考资料　Ⅳ.①D951.64

中国版本图书馆 CIP 数据核字(2019)第 208568 号

Fälle zum Strafrecht für Anfänger:Klausurenkurs Ⅰ, 3.Auflage, by Eric Hilgendorf
© Verlag C.H.Beck oHG, München 2015
本书原版由 C.H.贝克出版社于 2015 年出版。本书简体中文版由原版权方授权
翻译出版。

书　　　名	德国大学刑法案例辅导（新生卷·第三版）	
	DEGUO DAXUE XINGFA ANLI FUDAO （XINSHENG JUAN·DI-SAN BAN）	
著作责任者	〔德〕埃里克·希尔根多夫　著　黄笑岩　译	
丛书策划	陆建华	
责任编辑	王建君	
标准书号	ISBN 978-7-301-30775-5	
出版发行	北京大学出版社	
地　　　址	北京市海淀区成府路 205 号　100871	
网　　　址	http://www.pup.cn　http://www.yandayuanzhao.com	
电子信箱	yandayuanzhao@163.com	
新浪微博	@北京大学出版社　@北大出版社燕大元照法律图书	
电　　　话	邮购部 010-62752015　发行部 010-62750672	
	编辑部 010-62117788	
印　刷　者	三河市北燕印装有限公司	
经　销　者	新华书店	
	880 毫米×1230 毫米　32 开本　10.375 印张　228 千字	
	2019 年 12 月第 1 版　2021 年 3 月第 3 次印刷	
定　　　价	49.00 元	

做一个理想的法律人（代译丛序）

近代中国的法学启蒙受之日本，而源于欧陆。无论是法律术语的移植、法典编纂的体例，还是法学教科书的撰写，都烙上了西方法学的深刻印记。即使中华人民共和国成立后兴盛了一段时期的苏俄法学，从概念到体系仍无法脱离西方法学的根基。20世纪70年代末，借助于我国台湾地区法律书籍的影印及后续的引入，以及诸多西方法学著作的大规模译介，我国重启的法制进程进一步受到西方法学的深刻影响。当前中国的法律体系可谓奠基于西方法学的概念和体系基础之上。

自20世纪90年代开始的大规模的法律译介，无论是江平先生挂帅的"外国法律文库""美国法律文库"，抑或许章润、舒国滢先生领衔的"西方法哲学文库"，以及北京大学出版社的"世界法学译丛"、上海人民出版社的"世界法学名著译丛"，诸多种种，均注重于西方法哲学思想尤其是英美法学的引入，自有启蒙之功效。不过，或许囿于当时西欧小语种法律人才的稀缺，这些译丛相对忽略了以法律概念和体系建构见长的欧陆法学。弥补这一缺憾的重要转变，应当说始自米健教授主持的"当代德国法学名著"丛书和吴越教授主持的"德国法学教科书译丛"。以梅迪库斯教授的《德国民法总论》为开篇，德国法学擅长的体系建构之术和鞭辟入里的教义分析方法进入到了中国法学的视野，辅以崇尚德国法学的我国台湾地区法学教科书和专著的引入，德国法学在中国当前的法学教育和法学研究中的地位日益尊崇。然而，"当代德国法学名著"丛书虽然遴选了德国当代法学著述中的上乘之作，但囿于撷取名著的局限及外国专家的视角，丛书采用了学科分类的标准，而未区分注重体系层次的基础教科书与偏重思辨分析的学术专著，与戛然而止的"德国法学教科书译丛"一样，在基础教科书书目的选择上尚未能充分体现当代德国法学教育的整体面貌，是为缺憾。

职是之故，自2009年始，我在中国人民大学出版社策划了现今的"外国法学教科书精品译丛"，自2012年出版的德国畅销的布洛克斯和瓦尔克的《德国民法总论》（第33版）始，相继推出了韦斯特曼的《德国民法基本概念》（第16版）（增订版）、罗歇尔德斯的《德国债法总论》（第7版）、多伊奇和阿伦斯的《德国侵权法》（第5版）、慕斯拉克和豪的《德国民法概论》（第14版），并将继续推出一系列德国主流的教科书，涵盖了德国民商法的大部分领域。该译丛最初计划完整选取德国、法国、意大利、日本诸国的民商法基础教科书，以反映当今世界大陆法系主要国家的民商法教学的全貌，可惜译者人才梯队不足，目前仅纳入"日本侵权行为法"和"日本民法的争点"两个选题。

系统译介民商法之外的体系教科书的愿望在结识季红明、查云飞、蒋毅、陈大创、葛平亮、夏昊晗等诸多留德小友后得以实现，而凝聚之力源自对"法律人共同体"的共同推崇，以及对案例教学的热爱。德国法学教育最值得我国法学教育借鉴之处，当首推其"完全法律人"的培养理念，以及建立在法教义学基础上的以案例研习为主要内容的教学模式。这种法学教育模式将所学用于实践，在民法、公法和刑法三大领域通过模拟的案例分析培养学生体系化的法律思维方式，并体现在德国第一次国家司法考试中，进而借助于第二次国家司法考试之前的法律实训，使学生能够贯通理论和实践，形成稳定的"法律人共同体"。德国国际合作机构（GIZ）和国家法官学院合作的《法律适用方法》（涉及刑法、合同法、物权法、侵权法、劳动合同法、公司法、知识产权法等领域，由中国法制出版社出版）即是德国案例分析方法中国化的一种尝试。

基于共同创业的驱动，我们相继组建了"中德法教义学"QQ群，推出了"中德法教义学苑"微信公众号，并在《北航法律评论》2015年第1辑策划了"法教义学与法学教育"专题，发表了我们共同的行动纲领：《实践指向的法律人教育与案例分析——比较、反思、行动》（季红明、蒋毅、查云飞执笔）。2015年暑期，在谢立斌院长的积极推动下，中国政法大学中德法学院与德国国际合作机构法律咨询项目合作，邀请民法、公法和刑法三个领域的德国教授授课，成功地举办了第一届"德国法案例分析暑期班"并延续至今。2016年暑期，季红明和夏昊晗也积极策划并参与了由西南政法大学黄家镇副教授牵头、民商法学院举办的"请求权基础案例分析法课程"暑期培训班。2017年暑期，加盟中南财经政法大学法学院的"中德法教义学苑"团队，成功举办了"案例分析暑期培训班"，系统地在民法、公法和刑法三个领域以德国的鉴定式模式开展了案例分析教学。

中国法治的昌明端赖高素质法律人才的培养。如中国诸多深耕法学教育的启蒙者所认识的那样，理想的法学教育应当能够实现法科生法律知识的体系化，培养其运用法律技能解决实践问题的能力。基于对德国奠基于法教义学基础上的法学教育模式的赞同，本译丛期望通过德国基础法学教程尤其是案例研习方法的系统引入，能够循序渐进地从大学阶段培养法科学生的法律思维，训练其法律适用的技能，因此取名"法律人进阶译丛"。

本译丛从法律人培养的阶段划分入手，细分为五个子系列：

——法学启蒙。本子系列主要引介关于法律学习方法的工具书，旨在引导学生有效地进行法学入门学习，成为一名合格的法科生，并对未来的法律职场有一个初步的认识。

——法学基础。本子系列对应于德国法学教育的基础阶段，注重民法、刑法、公法三大部门法基础教程的引入，让学生在三大部门法领域能够建立起系统的知识体系，同时也注重增加学生在法理学、法律史和法学方法等基础学科上的知识储备。

——法学拓展。本子系列对应于德国法学教育的重点阶段，旨在让学生能够在三大部门法的基础上对法学的交叉领域和前沿领域，诸如诉讼法、公司法、劳动法、医疗法、网络法、工程法、金融法、欧盟法、比较法等有进一步的知识拓展。

——案例研习。本子系列与法学基础和法学拓展子系列相配套，通过引入德国的鉴定式案例分析方法，引导学生运用基础的法学知识，解决模拟案例，由此养成良好的法律思维模式，为步入法律职场奠定基础。

——经典阅读。本子系列着重遴选法学领域的经典著作和大型教科书（Grosse Lehrbücher），旨在培养学生深入思考法学基本问题及辨法析理之能力。

我们希望本译丛能够为中国未来法学教育的转型提供一种可行的思路，期冀更多法律人共同参与，培养具有严谨法律思维和较强法律适用能力的新一代法律人，建构法律人共同体。

虽然本译丛先期以德国法学教程和著述的择取为代表，但并不以德国法独尊，而注重以全球化的视角，实现对主要法治国家法律基础教科书和经典著作的系统引入，包括日本法、意大利法、法国法、荷兰法、英美法等，使之能够在同一舞台上进行自我展示和竞争。这也是引介本译丛的另一个初衷。通过不同法系的比较，取法各家，吸其所长。也希望借助于本译丛的出版，展示近二十年来中国留学海外的法学人才梯队的更新，并借助于新生力量，在既有译丛积累的丰富经验基础上，逐步实现对外国法专有术语译法的相对统一。

本译丛的开启和推动离不开诸多青年法律人的共同努力，在这个翻译难以纳入学术评价体系的时代，没有诸多富有热情的年轻译者的加入和投入，译丛自然无法顺利完成。在此，要特别感谢积极参与本译丛策划的季红明、查云飞、蒋毅、陈大创、黄河、葛平亮、杜如益、王剑一、申柳华、薛启明、曾见、姜龙、朱军、汤葆青、刘志阳、杜志浩、金健、胡强芝、孙文、唐志威（留德）、王冷然、张挺、班天可、章程、徐文海、王融擎（留日）、翟远见、李俊、肖俊、张晓勇（留意）、李世刚、金伏海、刘骏（留法）、张静（留荷）等诸位年轻学友和才俊。还要特别感谢德国奥格斯堡大学法学院的托马斯·M·J·默勒斯（Thomas M. J. Möllers）教授慨然应允并资助其著作的出版。

本译丛的出版还要感谢北京大学出版社副总编辑蒋浩先生和策划编辑陆建华先生，没有他们的大力支持和努力，本译丛众多选题的通过和版权的取得将无法达成。同时，本译丛部分图书得到中南财经政法大学法学院徐涤宇院长大力资助。

在系统引介西方法律的法典化进程之后，将是一个立足于本土化、将理论与实务相结合的新时代。在这个时代，中国法律人不仅需要怀抱法治理想，更需要具备专业化的法律实践能力，能够直面本土问题，发挥专业素养，推动中国的法治实践。这也是中国未来的"法律人共同体"面临的历史重任。本译丛能预此大流，当幸甚焉。

李　昊

2018年12月

中文版序

短短四十年间，中国在经济和社会领域取得的全面成就，足以使世界各国为之惊讶和钦佩。不容忽视的是，中国在法治建设方面亦取得了长足进步。20世纪70年代初期，中国的法律制度还不完善；中国现代的法律制度是从20世纪70年代末期逐步发展起来的。显然，相较于盎格鲁–撒克逊判例法，大陆法系对中国法律制度的影响更为深远。

德国刑法的体系思维深深地影响了中国刑法，尤其是德国刑法总论的诸多组成元素为中国刑法所吸收和接纳。相对而言，德国刑法分论对中国学界的影响还较微弱，其间或许有历史、文化和政治的原因。不过，对于刑法分论的研究，每个国家都须找到一条适合自己的道路，当然这并不排斥与其他国家的经验交流和互相学习。

中国对德国刑法教义学的了解和研究已达到了新的高度，德国和中国的刑法学者已然可以互通有无地进行学术讨论。于2011年成立的中德刑法学者联合会（der Chinesisch-Deutsche Strafrechtslehrerverband）的任务在于促进中德两国刑法学者的学术交流。联合会已成立近八年，并举办了四次学术会议，两国刑法学者经常在会议中碰撞出思想的火花，可以说学术交流的目的已基本实现，我们期待它继续成功地举办下去。

目前在理论探讨之外，还应重视具体的法律适用。刑法理论本身不是目的，它是要为司法实践服务的。如此是为了控制甚至避免法官恣意适用刑法。背后的理念是，法律适用应严守立法者制定的法律规则。

在德国，法律专业的大学生从第一学期就开始学习解析案例的方法。法学教育和司法实践紧密相连。本案例集最早可回溯到1993年，从2010年开始以三卷案例集（新生卷、进阶卷、司法考试备考卷）的形式在德国出版。书中详尽收录了在德国法学教育中富有讨论价值的刑法案例，展现了案例解析的结构，并为学生提供了练习的机会。这三卷案例集，可使读者独立掌握在法治国框架内解析刑法案例的方法。

这三卷案例集能被翻译为中文并在中国出版，于我是莫大的荣誉。希望通过这三卷案例集的中译本，为中国的刑法发展贡献一份绵薄之力。希望读者开卷有益！

埃里克·希尔根多夫
2019年6月11日于法伊茨赫希海姆寓所

目录 | Contents

第一部分

处理刑法案例的技巧

至迟在取得第一学期的成绩证明以及通过考试时，德国大
学法学专业的学生即未来的法律专业人士必须适应一个与高中
时代有本质差异的新事物：法学独特的闭卷考试和学期作业。
这是法学教学在长时间发展中形成的方式和习惯，为在学业以
及之后的职业生涯中取得成功，法学学生必须加以掌握。下文
将对这种独特性进行初步介绍。

一、法律专业人士的培养：案例及其法律评价

一名法学学生或者一名刚刚通过州司法考试的法律专业人
士对其职业究竟抱有何种期待？逐字背诵整部《德国刑法典》
以及最新的20卷《德国联邦最高法院刑事判例集》绝对不在其
中。与诸如盎格鲁－撒克逊判例法体系等一些古老的法律体系不
同，在德国的法律体系中，记忆判例以及其他法律文本的学习
能力对于完成德国大学法学院的学业绝对不是本质前提。相反，
法律专业人士的中心任务和能力在于对日常生活中的案情事实
进行法律分析以及作出相应评价。如何准确理解这句话的意思，
请看下例：

例1：学生M将学生F的手机从法学院教室的窗口扔了出
去，手机被摔得粉碎。M构成《德国刑法典》第303条规定的损
坏财物罪吗？

以上这段简短的文字描述的是一个日常生活中的案情事实：
这是一个发生在可感知的现实世界的具体事件。法律专业人士
所要做的就是对案情事实进行法律评价，然后告知人们这种行

为的法律后果。但人们往往只对众多法律后果中的个别后果感兴趣。例1提出的问题是，M是否因损坏财物罪而具有刑事处罚性？（相对地，也可以就例1设问民法上的损害赔偿请求权或者公法上清理街道地面上手机碎片的义务）为了对具体的案情事实进行法律评价，法律专业人士一般要诉诸法秩序中已经存在的一般性规则（即规范）。典型的法律规则由抽象的事实描述，即由所谓构成要件以及命令式的法律后果组成。

例1涉及《德国刑法典》第303条第1款的规定：非法损坏或毁坏他人财物的［构成要件］，处2年以下自由刑或罚金［法律后果］。

4　　构成要件的表述需要将不特定的大量情形囊括在内，因此它有别于描述个别而具体的案情事实（无论是真实发生的还是虚构的事实）。在找到一个适合案情的法律规范之后，接下来是厘清是否存在构成要件的前提，以及是否具有相应的法律后果。而例1要解决的问题是，M是否损坏或者毁坏了他人财物，这就需要确认手机必须属于财物的范畴。这样一来会使非法律专业人士觉得太过于咬文嚼字了，甚至觉得可笑，在他们看来这种情况再平常不过。但是，如果说M仅仅删除了一份电脑数据，这又意味着什么呢？因此，法学对作为构成要件要素的"财物"（对其他构成要件要素也一样）发展出一个定义：

"财物"指的是任何有体的标的。

手机就是一个有体的标的^①，由此，它是《德国刑法典》第 **5**
303条第1款规定的财物。确认事实是指借助一个定义便可尽可能
一般性地符合构成要件的说明，此方法被称为涵摄（Subsumtion）。
具体案情通过涵摄过程归入一个构成要件要素之下。

再看下一个要素：依据《德国刑法典》第303条第1款的规 **6**
定，手机必须是他人财物。

他人财物，即财物的（至少是共同）所有权是属于他人的。

在例1中，手机是F的。由此，手机对于M而言就是他人
财物。

鉴于手机被完全损坏，来自日常生活的经验，接下来将会
对行为方面的可选择情形即"毁坏行为"进行进一步检验。

*毁坏指的是财物的存在性被毁灭或者受到本质性损害以致
常规用途完全丧失。*

例1中，手机被摔得粉碎。由此看来，手机已遭到本质性损 **7**
坏，以致不能再作为通讯工具使用，以此可以认定手机被毁坏。
结合以上分析可以认定，M毁坏了他人财物，其行为符合损坏
财物罪的构成要件。依据法律规定该行为的后果是，M（在符合
其他要求的前提下，主要是行为存在违法性及有责性）可被处2
年以下自由刑或罚金。

由此我们就得出了对这个案情的（刑事）法律评价：M构成 **8**
《德国刑法典》第303条规定的损坏财物罪。构成要件的前提得

---

① 先认识一个相关问题：也存在无体的对象，即所谓的权利（Rechte），例如动
产质权（Pfandrecht）（《德国民法典》第1204条及以下诸条）或者损害赔偿请求权
（Schadensersatzanspruch）。

以满足，质言之，具体案情被涵摄于一个法律规范之下。因此就可以确定，法律规范所规定的法律后果在该具体个案中（也）会出现。

9　　法律评价凭借一种逻辑推断的形式实现，即所谓的法学三段论[①]，它由大前提（Obersatz）、小前提（Untersatz）以及结论（Schlusssatz）组成。法律构成了大前提，简化而言："若行为满足构成要件T，当承担法律后果R。"小前提确认案情与构成要件的一致性："案情S可被涵摄于构成要件T之下。"结论则意味着最终的论断："法律后果R将伴随案情S出现。"将构成要件分解为单个要素再对其进行释义，得出的结论往往环环相扣且复杂精巧。

10　　对例1的分析展示了处理案例的基本思维结构。然而，还未提及其中十分本质的环节：如何用语言将该过程及结果表达出来？就闭卷考试的要求而言，这一点至关重要。

二、在闭卷考试中处理案例的注意事项

1. 鉴定式的分析方法

11　　在法学入门文献中或是大多数针对新生举办的传授案例技巧的练习中有一个无法回避的关键词，就是所谓的"鉴定式的分析方法"（Gutachtenstil）[②]，它适用于在闭卷考试中处理案例。与之相对的是"判决式的分析方法"（Urteilsstil），多用于分析无争议的问题。那么鉴定式的分析方法究竟是指什么呢？

---

① 所涉逻辑背景（logische Hintergründe）详见Joerden, S. 336 ff.
② 参见文献目录中Valerius所著的书。

为了回答这个问题，需要再次回到分析法学案例的逻辑推
断中，即之前提到的由大前提、小前提和结论组成的"法学三
段论"。借此可以从一个法律规范以及亟待分析的案情描述中
推导出一个法律后果。如前所示，案情事实与法律后果的连接
过程需要依靠与之相适应的语言表述加以实现。具体呈现可以
通过不同的方式：采用大前提——小前提——结论的基本结构，
将结论放在结尾，论证放在前面。这种首先假设结论的语言表
述形式即为鉴定式的分析方法。

例2：A烧毁了B的州司法考试证书

如果A非法损坏或毁坏了他人财物，会因损坏财物罪而具
有刑事可罚性（大前提，《德国刑法典》第303条第1款的表
述）。州司法考试证书在此案中是他人财物。A通过烧毁行为毁
坏了该证书（小前提/涵摄）。由于A烧毁了证书，所以他构成
损坏财物罪而具有刑事可罚性（结论）。

而判决式的分析方法恰好相反。判决式的分析方法如一个
法庭判决，首先开宗明义宣告结论，其后再补充相应的论证
过程。

A因构成损坏财物罪而具有刑事可罚性（结论）。他非法损
坏或者毁坏了他人财物，由此实现了《德国刑法典》第303条第
1款规定的构成要件（大前提）。州司法考试证书是他人财物。
A通过烧毁行为毁坏了该证书（小前提/涵摄）。

无论是鉴定式的分析方法还是判决式的分析方法，在解决
一个实际案例时，都会对问题进行层层拆分和嵌套。可以视问

题内容将大前提分解为单个要素，基于每个要素又可分别得出新的结论。如此，涵摄会发生在多个步骤，小前提也会划分为多个部分。

例2：A烧毁了B的州司法考试证书

如果A非法损坏或毁坏了他人财物，会因损坏财物罪而具有刑事可罚性（大前提）。首先，州司法考试证书须为财物。财物指的是任何有体的标的（定义）。州司法考试证书是一个有体的标的。因此，州司法考试证书是财物（涵摄）。此外，财物必须是他人的。他人的是指［……］（下一个要素）。A烧毁州司法考试证书的行为构成损坏财物罪（结论）。

15　在第一次州司法考试之前的法学教育中，即大学学习期间，经常要求学生以"鉴定式的分析方法"来分析案例。这种要求通常都会在答题规则中加以说明（例如"以鉴定式检验A的行为的刑事可罚性，探讨所有出现的法律问题"）。如果学生在此明示下没有使用"鉴定式的分析方法"，而是使用了"判决式的分析方法"，就拿不到理想的分数。

16　然而需要注意的是，在分析案例的过程中，相较于高度疑难的部分，应对简单明了的部分一笔带过。正确找出分析重点是重要的智识能力，对检验结果而言至关重要。因此，对无疑问的部分采用简要的鉴定式陈述——甚至只作单纯确认——往往是较为妥当的做法。从这个层面来说，刑法闭卷考试在一定程度上要求使用"混合式"的分析方法，视待检验要素而灵活运用分析方法。[①]

例2：A烧毁了B的州司法考试证书

A须得非法损坏或毁坏了他人财物。财物是有体的标的。他人财物，即财物的（共同）所有权是属于他人的。州司法考试证书属于B并且是一个有体的标的，因此属于他人财物。A将其烧毁。问题在于，这个行为是否符合《德国刑法典》第303条意义上的"毁坏"？财物被毁坏意味着其存在性被毁灭或受到本质性损害以致常规用途完全丧失。烧毁导致了州司法考试证书的存在性被毁灭。因此，A毁坏了B的州司法考试证书。由此可以确定结论：A非法毁坏了他人财物，构成《德国刑法典》第303条规定的损坏财物罪而具有刑事可罚性（详尽的鉴定式的分析方法示例）。

A烧毁进而非法毁坏了一个州司法考试证书，即属于他人所有的一个有体的标的，A构成《德国刑法典》第303条规定的损坏财物罪而具有刑事可罚性（简要的鉴定式的分析方法示例）。

A非法毁坏了他人财物。因此，他的行为符合《德国刑法典》第303条规定的损坏财物罪的构成要件（单纯确认示例）。

对于单纯确认，无须赘言：不附论证径直展现结论，默认 **17**
该推论对读者来说不言而喻，因而详尽的解释就嫌多余。而这里所谓简要的鉴定式的分析方法虽然省略了大前提，但在得出结论之前仍然对可能涉及的单个构成要件要素及其定义进行了

---

① 因而这个标准完全是动态的。在大学初期，学生们往往被要求对基础问题进行详尽的阐述，而复杂案例对他们而言还为之过早。

简要的说明，以此作为简短论证。进一步示例如下：

例3：A扇了B一个耳光

A用手掌击打了B的脸部，由此他以一个险恶、失当的行为乱待了B的身体，他的行为已经明显损害了B的身体安宁。[①]A构成《德国刑法典》第223条第1款规定的伤害罪而具有刑事可罚性。

18　　相较单纯确认的方式，鉴定式的分析方法的优点在于不会使分析者因完全无根据的结论而遭受指责。相反，其涵摄过程尽管简要，但结论完全可经验证。关键在于其结论仍然放在最后，维持了鉴定式的结构。某些面向新生的案例练习往往建议他们采用"判决式的分析方法"处理无疑问的法律问题。如果将"判决式的分析方法"理解为一种简明且突出结论的表达方式，这当然不是错误的。然而，像法院判决那样先阐述结论再进行说理，则是不值得推荐的。

例3：A构成《德国刑法典》第223条第1款规定的伤害罪而具有刑事可罚性。他用手掌击打了B的脸部，由此他以一个险恶、失当的行为乱待了B的身体，他的行为已经明显损害了B的身体安宁。

19　　以上三种表达方式，究竟应该选用哪一种，取决于多个因素。如果学生在第一学期的学习中全面了解伤害罪的构成要件，那么在该学期的闭卷考试中可能就要对"A用手掌击打了B的脸部"进行更为翔实的阐述，即采用详尽的鉴定式案例分析方

---

① 以上是乱待他人身体的标准定义。学生在日后的刑法学习中还会经常使用这个定义。

法。相反，如果面对的是州司法考试，包含了数量更多且难度更高的问题，就只需用至多两到三句话来论述这部分（对高年级学生而言相当简单）的事实。对此很难设立一个固定的准则。如何正确权衡问题轻重以及论述繁简只能基于长期的考试实践。一个可能有益的简便法则是：如果认为一个问题对于某些同期学生而言可能依然是一个挑战的话，那么就应该对其进行详尽检验，反之则不用。

2. 观点冲突

至此还未提到法学学科的一个特别之处：如何在鉴定式分 **20**
析中展示针对某个法律问题的不同观点。并非每一个构成要件要素的定义，以及事实—法律情状的体系性地位都像在前述例证中提到的乱待身体的定义那样毫无争议。

然而，不要被"观点冲突"的概念误导，认为对其的表述重点在于提及相应观点提倡者的名字。此类附随信息原则上可以省略，对于分析质量而言更为重要的是对于可能涉及的各种观点立场之内容的梳理。因此原则上，在不是绝对确定的时候，并且相应的观点均属法学界共识的情况下，使用"有一种观点认为"或"另有一种观点认为"的表述要优于"德国联邦最高法院认为"或者"某某教授支持"的表述。

当某个构成要件要素的解释并不完全明确的时候（通常在 **21**
法学文献中也会极具争议），一般会被当作疑难问题加以讨论。首先需要展示不同观点，然后将其适用于具体案情。有时候会发现不同观点在案例处理结果方面并没有差别，因此观点冲突对结果而言并不重要。在此情况下就不需要对观点做出选择。

例 4：A 想杀死 B，为此他将一枚炸弹放入纸袋并置于一条热闹的购物街上。当 B 在回家途经这条街道（如同每天那样）时，A 就会引爆炸弹。一切按计划进行，B 死于爆炸。万幸没有造成其他人受伤或者死亡。

A 构成故意杀人罪（《德国刑法典》第 212 条）。问题在于，A 是否以危害公共安全的方法（《德国刑法典》第 211 条第 2 款规定的谋杀罪）杀死了 B？危害公共安全是一种犯罪方法，一旦使用可以使除死者以外大量无关的人陷入危险，因为行为人在具体情况下并不能控制该方法的作用方式。存在争议的是，满足这一要素是必须达到对他人生命造成危险的程度，还是对他人身体完整性带来危险即可。此处炸弹已经可以威胁到无关行人的生命。因此，关于该要素是否必须达到足以威胁生命的程度的问题，可以搁置不议。［……］

22　　如果依照不同观点会得出不同的解决办法，就必须对不同的观点加以论证，并最终选择一种解决方案。

例 5：A 将 B 推向有刺铁丝网，导致其受伤

［……］要检验的是，A 是否使用了危险工具（《德国刑法典》第 224 条第 1 款第 2 项规定的危险伤害罪）［……］。危险工具是指就客观属性及其具体的使用方式而言，能够造成严重身体伤害的物体。问题在于，《德国刑法典》第 224 条第 1 款第 2 项的规定是只包括可移动的物体，还是也包括不可移动的物体？有刺铁丝网固定在地面，所以它并不是可移动的物体。如果认为《德国刑法典》第 224 条第 1 款第 2 项的规定也包括不可移动的物体，那么带刺铁丝网就符合该构成要件意义上的"危险工

具"；如果认为只包括可移动的物体，就不符合该构成要件意义上的"危险工具"。赞同危险工具包括不可移动的物体的观点认为，它对于受害人的危险性原则上并不少于可移动的物体带来的危险性。对立观点则认为，这会与工具仅包括可移动的物体的认知矛盾，从而突破文义解释的界限。因此，只有可移动的物体才能成为危险工具。《德国刑法典》第224条第1款第2项规定的构成要件在此未得以符合［……］。[①]

在法学论证过程中经常会援引"通说"（herrschende Meinung）。 **23**
通说指的是某些在观点冲突中占据明显优势的观点，比如曾有判例（比如德国联邦最高法院）采纳该观点作出裁判。"通说"（h. M.）的措辞曾遭到许多非法律专业人士的质疑，早前甚至被嘲讽为"统治者的观点"（Meinung der Herrschenden）。然而不容忽视的是，"通说"在相当程度上减轻了法学论证的负担。在解决案例的过程中，不可能对法学观点冲突进行从最初到最新的反复讨论。相反，可以支持"主流观点"，而在注释中对该主题进行更深入的讨论。

3. 犯罪构造以及刑法的特殊性

现今通说认为刑法中单个犯罪的构造仍然包括构成要件符 **24**
合性（Tatbestandsmäßigkeit）、违法性（Rechtswidrigkeit）以及罪责（Schuld）三个阶层，在闭卷考试中最好也采用这种结构进行案例分析。习惯上首先检验最重的犯罪；在多人参与犯罪的情况下，从最接近犯罪的人（Tatnächster）开始检验。这样，其后在检验其他参与者刑事可罚性的时候，是否存在违法的主行

---

① 根据通说的解决方法参见Fischer，§224 Rn. 8；Wessels/Hettinger, BT I, Rn. 274。

为（《德国刑法典》第26条、第27条框架下）或者犯罪行为是否可被归属（《德国刑法典》第25条第2款框架下）的问题，就已经在前述检验中得到解决。

25　　出于对无罪推定原则（Unschuldsvermutung）以及存疑时有利于被告人原则（in dubio pro reo）的尊重，在刑法上还有一个十分重要的做法，如果某个构成要件要素在检验中被否定了，绝对不再进行辅助性的进一步检验。如果在检验刑事可罚性的时候不符合某个构成要件要素，则应马上中断检验过程并且确认基于该项法律规定的刑事可罚性并不存在。

26　　对于刑法闭卷考试而言，正确识别重点具有决定性意义，因为在指定时间内完成案例分析任务往往相当困难。将事件经过有意义地划分为行为集合，并在此基础上对案情事实进行结构化的鉴定式分析，也属于处理案例的出色技巧。这种技巧很难借助理论传授，只能通过考试实践积累。

27　　法学论证的关键在于，对给定案例进行分析从而得出法律上的解决方案，分析过程必须与制定法及法律论证规则，特别是与四个"规范"解释规则即文义解释、体系解释、历史解释以及目的解释保持一致。[①]往往从制定法中会推导出不止一种解决方案，可以支持多种不同的解决方案。因此，观点的"有理有据"以及说服力就成为区分案例分析优劣的标准。哪一种解决方案最具说服力，人们通常可以用很好的理由得出不同的观点。请读者相信自我判断，从批判视角将这本案例集的答案视作参考。愿此书能给您带来帮助！

---

① *Zippelius*, § 8.

第二部分

案　例

案例1：新手上路

关键词：故意杀人罪；伤害罪；鉴定式的分析方法；案例分析的结构
难 度：极易

一、案情

A用匕首刺入B的心脏。B因流血过多死亡。

试问A是否构成《德国刑法典》第212条规定的故意杀人罪和第223条规定的伤害罪?

二、分析提纲

三、案情分析

提示：在分析刑法案例的时候首先必须细读案情，每一个细节都至关重要。之后必须确认要解决的问题是什么。在前述案例中仅涉及 A 的刑事可罚性，通常并不检验死者的刑事可罚性。A 可能具有刑事可罚性，但依据是什么呢?《德国基本法》第103条第2款和《德国刑法典》第1条关于罪刑法定的原则（Gesetzlichkeitsprinzip）规定：本法只处罚行为前法律已明文规定予以处罚的行为。对于案例分析而言，学生必须在《德国刑法典》中寻找 A 在案情中的行为所符合的犯罪构成要件。A 终结了 B 的生命，从而可以考虑故意杀人罪的构成要件，即《德国刑法典》第212条第1款的规定。当然还可以考虑《德国刑法典》第223条第1款规定的伤害罪。此处的设问同样也影响了分析者的解答，即不必考虑《德国刑法典》第211条（谋杀罪）、第224条（危险伤害罪）以及第227条（伤害致死罪）规定的构成要件。

（一）故意杀人罪，《德国刑法典》第212条第1款

1　　　A 用匕首刺入 B 的心脏，涉嫌触犯《德国刑法典》第212条第1款的规定，可能构成故意杀人罪（Totschlag）。

在采用"鉴定式的分析方法"时，先用起始句（Einleitungs-satz）提及待分析 A 的事实行为及其可能触犯的刑事规范，然后讨论刑事可罚性的前提条件。这涉及一个问题，即上述刑事规范的各个构成要件要素是否存在。对于该案例而言，就意味着：

1. 构成要件

a) 客观构成要件

对此，A 必须将他人杀害。杀害他人指的是导致他人死亡。 **2**

这样的陈述可能略显死板，但却展示了检验构成要件的第一步：解释（Auslegung 或 Interpretation）。其作用在于尽可能精准地确定法条的含义。接下来要进行的步骤是涵摄（Subsumtion），其作用在于确定案情的个别陈述是否与通过解释所得出的法定构成要件要素相符合（即被涵摄的过程）。

B 死亡，由此就出现了构成要件的结果，即他人死亡。该结果出现的原因必须能够回溯到 A 的行为。刑法意义上的因果关系是指设想一个行为若不存在，则某个具体形态的结果不会发生［必要条件（notwendige Bedingung）或者条件公式（*Conditio-sine-qua-non-Formel*）］。如果设想用匕首插入 B 心脏的行为不存在，则 B 就不会死亡。因此，A 的行为就与 B 的死亡之间存在因果关系。由此客观构成要件得以实现。

在完成检验所谓的客观构成要件，即是否符合"外在现实的"构成要件要素问题后，需要确认是否还存在主观（"内在心理的"）构成要件。

b）主观构成要件

3　　故意犯罪的主观构成要件首先包含故意，其可被概括为"实现构成要件的认知（Wissen）和意欲（Wollen）"。要求具有故意源自《德国刑法典》第15条的规定。

此外，依据《德国刑法典》第15条的规定，A在行为时必须具有故意。故意是指实现构成要件的认知和意欲。[①]

对于所涵摄法条的引用要加以注意（这里是《德国刑法典》第15条）。引用要尽可能准确，不只精确到条、款，必要时还需要精确到相应的句子，甚至所实现的构成要件情形。

A已认识到用匕首插入他人心脏会导致其死亡。同时，他意欲杀死B。因此他在行为时具有故意。

涵摄过程必须紧扣案情描述。对案情中没有出现的信息，不要过度阐释。一开始可能会显得有些困难，因为案情中往往缺少针对行为人内心想法的准确陈述。在缺乏其他信息的情形下，如果认为A没有故意实施行为，就与日常生活经验严重不符。因此仍然认为A存在故意行为。

2. 违法性

4　　可以看出，本案并不存在违法阻却事由，由此A的行为违法。

3. 罪责

A的行为有责。

4. 结论

A构成《德国刑法典》第212条第1款规定的故意杀人罪。

---

① *Wessels/Beulke/Satzger*, AT, Rn. 203; *Zieschang*, S.39.

（二）伤害罪，《德国刑法典》第223条第1款

A用匕首刺入B的心脏，涉嫌触犯《德国刑法典》第223条第1款的规定，可能构成伤害罪（Körperverletzung）。

1. 构成要件

a）客观构成要件

对此，A必须乱待了B的身体或者损害了B的健康。乱待身体（körperliche Misshandlung），即《德国刑法典》第223条第1款第一种情形，意味着所有险恶、失当地给他人的身体安宁（das körperliche Wohlbefinden）或身体完整性造成明显损害的行为。[①]用匕首刺入心脏的行为是一种险恶、失当地给他人的身体安宁或身体完整性造成明显损害的行为。因此，A乱待了B的身体。损害健康（Gesundheitsschädigung），即《德国刑法典》第223条第1款第二种情形，意味着引起或加剧他人偏离于身体正常状态的病理状态。[②]诸如匕首之类的刺杀性武器会导致被害人皮肤、肌肉以及内脏受伤，B的身体由此处于偏离于正常状态的病理状态。因此A损害了B的健康。

b）主观构成要件

A伤害B时必须具有故意。A本意欲杀死B。根据早期的"对立说"（Gegensatztheorie），伤害故意与杀人故意并不兼容，而是互相排斥。[③]按照现今的通说"同一说"（Einheitstheorie），杀人故意涵括了伤害故意。[④]这在事实上也是令人信服的。原因

---

① Wessels/Hettinger, BT I, Rn. 255；延伸阅读参见Arzt/Weber/Heinrich/Hilgendorf, BT, § 6 Rn. 21 ff.
② *Wessels/Hettinger*, BT I, Rn. 257.
③ 参见RGSt 61, 375, 376。
④ 参见BGHSt 16, 122；21, 265。

在于，无法想象杀害他人不会对身体完整性造成损害（作为必要阶段）。因此，A在行为时具有故意。

2. 违法性

A的行为违法。

3. 罪责

A的行为有责。

4. 结论

A构成《德国刑法典》第223条第1款规定的伤害罪。依据《德国刑法典》第230条第1款的规定，该罪告诉才处理。

（三）最终结论与竞合

A构成《德国刑法典》第212条第1款规定的故意杀人罪，其行为同时构成《德国刑法典》第223条第1款规定的伤害罪，但伤害罪相对于故意杀人罪来说居于补充性（Subsidiarität）的地位，因此被排除适用。

案例2：沉重的一击

关键词：伤害罪；未遂；正当防卫；罪责能力
难　度：简单

一、案情

A抓住B，在数次殴打B的身体之后，A向后摆动手臂，使出浑身力气向B的脑袋发出沉重一击。然而，B成功抵挡了A的这次攻击，并顺势将A摔向地板。A因此手臂骨折。后经查实，A患有精神病，对其行为的不法不具有辨认能力。

试问A、B的刑事可罚性？

二、分析提纲

三、案情分析

（一）A 的刑事可罚性

1. 伤害罪，《德国刑法典》第223条第1款（对身体的殴打）

A殴打B的身体，涉嫌触犯《德国刑法典》第223条第1款 **1**
第一种情形和第二种情形的规定，可能构成伤害罪。

a）构成要件

aa）客观构成要件

A对B的身体造成伤害是适用《德国刑法典》第223条第1
款的前提。《德国刑法典》第223条第1款第一种情形的乱待身
体是伤害行为的一种表现形式，其意味着所有险恶、失当地给
他人的身体安宁或身体完整性造成明显损害的行为。[①] A数次对
B的身体进行殴打，其行为给B的身体安宁造成了损害。因此A
的行为构成乱待身体。

问题在于，此处是否还存在《德国刑法典》第223条第1款
第二种情形，即损害健康。损害健康意味着引起或加剧他人偏
离于身体正常状态的病理状态。[②] 这种对健康的损害在事实上是
否存在，取决于B受到A殴打的严重程度。而此处缺乏进一步
的事实细节，不能认定构成损害健康。不过，这对结果而言并
没有影响，因为已经存在对身体的乱待行为。

bb）主观构成要件

依据《德国刑法典》第15条的规定，A在行为时还必须具 **2**

[①] *Lackner/Kühl*, § 223 Rn. 4.

[②] *Lackner/Kühl*, § 223 Rn. 5.

有故意。故意是实现构成要件的认知和意欲。[1] A在行为时，对所有的行为情状存在认识，并且意欲实施殴打。因此A在行为时具有故意。

b）违法性

可以看出，本案中并不存在违法阻却事由。因此A的行为违法。

c）罪责

3   A的行为必须有责。依据《德国刑法典》第20条的规定，如果行为人在行为时存在《德国刑法典》第20条第一种情形的病理性精神障碍，则不具有罪责。[2] 本案中，A患有精神病，无法认识其行为的不法，因而符合《德国刑法典》第20条规定的前提。A行为时无罪责。

d）结论

A不构成《德国刑法典》第223条第1款规定的伤害罪。

2. 危险伤害罪，《德国刑法典》第224条第1款第5项（对头部的一击）

4   A击打B的头部，涉嫌触犯《德国刑法典》第224条第1款第5项的规定，可能构成危险伤害罪。对头部的击打可能是以危害生命的方式伤害他人。不过本案中A并未击中B的头部，因此没有出现伤害结果。所以危险伤害罪既遂的刑事可罚性得以排除。

3. 危险伤害罪未遂，《德国刑法典》第223条第1款、第224条第1款第5项和第2款、第22条、第23条第1款

5   A的行为涉嫌触犯《德国刑法典》第223条第1款、第224

---

① *Baumann/Weber/Mitsch*, AT，§ 20 Rn. 7；*Fischer*，§ 15 Rn. 3.

② *Wessels/Beulke/Satzger*, AT, Rn. 410；*Zieschang*, S.90.

条第1款第5项和第2款、第22条、第23条第1款的规定，可能构成危险伤害罪未遂。

a) 预先检验

首先，A的行为没有既遂。依据《德国刑法典》第23条第1款第二种情形、第12条第2款、第224条第2款的规定，危险伤害罪未遂可罚。

在此，未遂犯罪的预先检验（Vorprüfung）步骤为刑法考试中的单纯确认（也可说是法官式或判决式，但此二者在语义使用上会造成误解）给出了一个较好的例证。因为行为是否既遂或本罪未遂是否可罚的问题，并不难得出答案，所以这里只需简略确认即可。

b) 行为决意

A必须具有行为决意（Tatentschluss）。行为决意包括对所有客观构成要件要素的故意以及其他可能存在的主观构成要件要素。[①]行为决意必须既指向基本构成要件，又指向加重构成要件，具体到本案即指向《德国刑法典》第223条第1款和第224条第1款。A故意击打B头部的行为是对身体的乱待，因此A具有基本构成要件意义上的故意。问题在于，A的击打行为是否符合《德国刑法典》第224条第1款第5项规定的以危害生命的方式伤害他人。首先必须弄清楚的是，该条规定的构成要件究竟要求行为必须造成对生命的具体危险，还是造成抽象危险即可。[②]显然，后者更符合立法语义（"以危害生命的方式"），特

6

---

① *Wessels/Beulke/Satzger*, AT, Rn. 598.
② Fischer, § 224 Rn. 12; 延伸阅读参见 Arzt/Weber/Heinrich/Hilgendorf, BT, § 6 Rn. 58。

别是立法者在要求造成对生命的具体危险时用了其他表述，比如《德国刑法典》第250条第2款第3项b（"有死亡危险的"）。因此，当A的行为（原则上）足以危害他人生命时，构成要件即已实现。用尽全力击打他人头部有时会导致他人的生命危险，所以此处应视为存在危害生命的方式。A因此具有危险伤害的行为决意。

c）直接着手

依据《德国刑法典》第22条的规定，在行为决意的基础上，A还必须进一步直接着手（unmittelbares Ansetzen）实现构成要件。如果行为人按照自身的设想，其行为已经相当接近于构成要件实行行为，以至于不存在实质意义的间隔行为就能顺利实现构成要件，并且对所保护之法益已经造成具体危险，即可认定行为人直接着手。[①]本案中A已经抬起手臂，马上就要挥打下去。如果B没有阻挡开的话，接下来A就会击中B的头部。可以看出，A已经直接着手实现构成要件。

d）违法性

此处不存在违法阻却事由，A的行为违法。

e）罪责

依据《德国刑法典》第20条的规定，A因为缺乏罪责能力而不具有罪责（详见上文关于伤害罪罪责的分析）。

如果某一个问题已在上文有所讨论，则后面的检验就不必再次论述。将案情事实涵摄到构成要件之下的过程只需要呈现一次即可。下文直接详见上文的论述。

---

① BGHSt 43, 177, 179; *Fischer*, § 22 Rn. 10; *Wessels/Beulke/Satzger*, AT, Rn. 601.

f）结论

A同样不构成《德国刑法典》第223条第1款、第224条第1款第5项和第2款、第22条、第23条第1款规定的危险伤害罪未遂。

（二）B的刑事可罚性

1. 伤害罪，《德国刑法典》第223条第1款

B将A摔倒在地，涉嫌触犯《德国刑法典》第223条第1款 **8** 的规定，可能构成伤害罪。

a）构成要件

aa）客观构成要件

客观构成要件要求B乱待了A的身体，或者损害了A的健康。B的行为造成A手臂骨折。手臂骨折属于病理状态的出现，因而符合《德国刑法典》第223条第1款规定的第二种情形。此外，手臂骨折也会带来疼痛，所以B乱待了A的身体，由此同样符合《德国刑法典》第223条第1款规定的第一种情形。

在进行新一轮的检验时，没有必要每次都重新给出定义。只需在论述中提及一次即可，下文展开的时候会将上文的定义作为已知背景。所以这里没有做过多陈述，便直接将B的行为涵摄到伤害罪构成要件要素即乱待身体和损害健康之下。

bb）主观构成要件

B在行为时具有实现构成要件的认知和意欲，所以依据《德国刑法典》第15条的规定，B在行为时具有故意。

b）违法性

问题在于B的行为是否具有违法性。 **9**

aa）正当防卫

首先要考虑的是，如果 B 的行为可以依据《德国刑法典》第 32 条第 1 款的规定成立正当防卫，就能排除违法性。

① 防卫情势

根据《德国刑法典》第 32 条第 2 款的规定，正当防卫的成立必须存在防卫情势。具体到本案中，A 的攻击必须是现时且违法的。攻击指的是通过人的行为对法律所保护的法益造成直接的威胁。[①] A 力图击打 B 的头部，B 的身体完整性（körperliche Integrität）由此受到威胁，而身体完整性是伤害犯罪所保护的法益，所以此处存在攻击行为。而正当防卫要求攻击必须是现时的。现时意味着攻击即将发生、已经开始或是仍在持续。[②] A 已经数次殴打 B 的身体，并且举起手臂向 B 的头部发起攻击。可以看出，攻击已经开始，是现时的。最后，攻击行为还必须违法。根据上文的论述，A 击打 B 的行为违法。因而此处可以成立防卫情势。

② 防卫行为

10   本案中 B 的防卫行为表现为防卫 A 的击打，它必须是适当的（geeignet）、必要的（erforderlich）以及需要的（geboten）。适当意味着防卫行为能够迅速地终止违法行为，并且彻底排除危险。[③] 防卫者不必屈服于攻击者。此外，对于 B 而言，并不存在更温和的防卫攻击的手段，所以 B 的行为对于防卫 A 的攻击来说是必要的。问题在于，B 的行为是否是需要的。需要性要

---

① *Wessel/Beulke/Satzger*, AT, Rn. 325; *Zieschang*, S.58.
② *Wessels/Beulke/Satzger*, AT, Rn. 328.
③ *Lackner/Kühl*, §32 Rn. 9.

求[①]意味着对符合必要性的防卫行为做进一步的限制。需要性要求的主要内涵在于，法律要求防卫者的行为不能以损害其他受保护的正当利益为代价，压制攻击并不必然"维护"或者宣示法秩序。因而防卫行为只能限定于躲避或者纯保护性防卫（rein defensive Schutzwehr）。只有在上述行为无法奏效时，才允许防卫者做出"攻击性防卫"（Trutzwehr），即主动的反击防卫行为。

问题在于，A并不具有罪责时，B是否不需要躲避该攻击。**11** 对于不具有罪责的行为人做出的攻击，他人虽然无须忍受，但往往仍可能进行躲避。不过本案中因缺乏进一步的事实描述，只能推出A无罪责能力的情况无法被他人认知。因此不能限制B的防卫行为，B的防卫行为在这里符合需要性要求。

③ 主观违法阻却要素

B在行为时具有防卫意思，存在主观违法阻却要素（subjektives Rechtfertigungselement），正当防卫的前提均已满足。

bb) 中间结论

B的行为不违法。

c）结论

B不构成《德国刑法典》第223条第1款规定的伤害罪。

此处作为基本构成要件的伤害罪已经不能成立，则伤害罪的加重构成要件同样不能成立，因而没有必要再对《德国刑法典》第224条进行检验。B的行为在这些情形下仍然排除违法性。此外，《德国刑法典》第224条第1款第1项至第5项的加重构成要件也不再予以考虑。同样，手臂骨折也不符合《德国刑

---

① Lackner/Kühl, § 32 Rn. 13 ff. 对于这种形态的批判详见 Baumann/Weber/Mitsch, AT, § 17 Rn. 34 ff.

法典》第 226 条第 1 款第 2 项规定的结果加重犯。

（三）最终结论

A、B 均无罪。

四、案例评价

本案在难度上属于入门级别。案中所涉问题，是学生在第一学期学习时要面对的问题，不会有太多关于某一条刑法规定的细节知识点。本案更侧重于展现刑法总论中必须掌握的基础问题。

本案要求学生对伤害罪、未遂和正当防卫进行详细的考查。A 不具有认识自身行为不法的能力，依据《德国刑法典》第 20 条的规定，A 不具有罪责，所以不构成犯罪。分析 A 因为精神疾病不具有罪责这一事实，也是正当防卫考查中的重要环节。

如果学生在运用鉴定式的分析方法时对重要问题不够重视，则对入门案例的分析有害无益。在学习初始阶段，尤其需要通过简单案例的训练，达到熟练掌握"法学工具"的目的。

司法实践中的重要判例： 对精神病人的正当防卫问题，详见 BSG NJW 1999，2301.

其他延伸阅读： *Kühl，Kristian*，„Sozialethische" Einschränkung des Notwehrrechts，Jura 1990，244；*Sternberg-Lieben，Irene*，Einschränkungen der Notwehr；JA 1996，568.

案例3：枪击教授

关键词：故意杀人罪；伤害罪；损坏财物罪；未遂；过失；故意
难　度：简单

一、案情

因为B教授长达一个学期的刑法课不仅索然无味，而且让A备受煎熬，所以A想要报复B。一天晚上，A埋伏在B的屋外用手枪朝着B的手臂射击，子弹穿过窗户玻璃正中B的手臂。A当时认为B的伤并不致命，同时被打中的玻璃掉落之后可能会砸中停在窗下的C的汽车，A对此表示认可接受。实际上玻璃掉落后刮掉了汽车引擎盖的油漆。

试问A的刑事可罚性？

二、分析提纲

三、案情分析

（一）故意杀人罪未遂，《德国刑法典》第212条第1款、第22条、第23条第1款

A朝B开枪射击，涉嫌触犯《德国刑法典》第212条第1款、第22条、第23条第1款的规定，可能构成故意杀人罪未遂。 **1**

尽管本案中A明显没有杀人故意，但是为了分析的完整性，还是应当首先从《德国刑法典》第212条第1款、第22条、第23条第1款入手做简要的分析，随后再进行伤害罪的检验。

1. 预先检验

因为B还活着，所以行为没有既遂。《德国刑法典》第212条规定的故意杀人罪的法定最低刑为5年自由刑，因此属于《德国刑法典》第12条第1款意义上的重罪（Verbrechen）。依据《德国刑法典》第23条第1款第一种情形的规定，重罪的未遂一律可罚。

2. 行为决意

A必须具有行为决意。行为决意不仅包括对所有客观构成 **2**
要件要素的故意，还包括其他可能存在的主观构成要件要素。[①]
所谓故意，是指行为人对所有符合构成要件的情状（objektive
Tatumstände）存在认识，实现构成要件的意欲。[②]《德国刑法典》第212条第1款规定的客观构成要件要求杀死他人。A主观上必须对此具有故意。但A并不想杀死B，只是想射伤

[①] *Wessels/Beulke/Satzger*, AT, Rn. 598；*Zieschang*, S.129.
[②] *Wessels/Beulke/Satzger*, AT, Rn. 203.

他的手臂。附条件故意（bedingter Vorsatz），又称间接故意（Eventualvorsatz），是指行为人认识到存在实现构成要件的可能性并对其认可接受。[1]与此相反，行为人虽然清楚实现构成要件的可能性，但是他并非不明确，而是相信该构成要件结果不会发生，则是有认识的过失（bewusste Fahrlässigkeit）而非故意。[2]本案中，A认为开枪射击并没有给B造成致命伤，因此他也没有认可接受结果的出现。因此，可以排除A构成故意杀人罪未遂。

（二）危险伤害罪，《德国刑法典》第223条第1款、第224条第1款

3　　　A朝B开枪射击，涉嫌触犯《德国刑法典》第223条第1款、第224条第1款的规定，可能构成危险伤害罪。

1. 构成要件

a)《德国刑法典》第223条第1款规定的客观构成要件

要构成危险伤害罪，首先必须符合《德国刑法典》第223条第1款规定的伤害罪这一基本构成要件。具体而言，A开枪射击的行为必须乱待了B的身体或是损害了B的健康。乱待身体（第一种情形）意味着所有险恶、失当地给他人的身体安宁或身体完整性造成明显损害的行为。[3]开枪射击致伤属于这种行为。损害健康（第二种情形）指的是引起或加剧他人偏离于身体正常状态的病理状态。[4]B所受的枪伤正是这种病理状态。因此，《德国刑法典》第223条第1款规定的客观构成要件得以符合。

---

① *Hilgendorf/Valerius*, AT, Rn. 83.
② *Hilgendorf/Valerius*, AT, Rn. 89.
③ *Wessels/Hettinger*, BT I, Rn. 255.
④ *Wessels/Hettinger*, BT I, Rn. 257.

b)《德国刑法典》第224条第1款规定的客观构成要件

A使用枪支的行为符合《德国刑法典》第224条第1款第2 **4** 项规定的第一种情形。所谓武器，是就其性质而言能够给人体造成严重伤害的物体。[①]这首先包括了《德国武器法》第1条规定的对象尤其是射击类武器。[②]因为A在犯罪时用的是手枪，所以他使用的正是《德国刑法典》第224条第1款第2项第一种情形意义上的武器。

此外，A的行为还可能符合《德国刑法典》第224条第1款第3项规定的"阴险的突然袭击"（hinterlistiger Überfall）。突然袭击意味着对毫不知情的被害人进行突发的、出乎意料的攻击。[③]如果行为人按照计划掩饰了自己的伤害意图，从而使被害人难以进行防卫，那么这种突然袭击就是阴险的。但如果行为人仅仅是利用了被害人受到惊吓来不及作出反应，尚不足以认定这种袭击就是阴险的。[④]本案中，A埋伏在B的屋外，可见他按照计划并不想让B发现自己的伤害意图，从而使其无法及时地对攻击作出应对。因此，A的行为也符合《德国刑法典》第224条第1款第3项的加重构成要件要素。

《德国刑法典》第224条第1款第3项规定的"阴险"与《德国刑法典》第211条第2款规定的谋杀要素之"阴险"（Heimtücke）相比，成立条件更为严格。后者只需要怀有敌意地利用了被害人处于毫无猜疑且毫无防备的境地即可成立（有争议）。而

---

① *Fischer*, § 224, Rn. 9d.
② *Fischer*, § 224, Rn. 9d.
③ Schönke/Schröder/*Stree/Sternberg-Lieben*, § 224, Rn. 10.
④ *Lackner/Kühl*, § 224 Rn. 6.

《德国刑法典》第224条第1款第3项则规定必须是行为人按照计划掩饰了自己的真实意图。本案中，A找到可以隐蔽的地方以便伏击B，就是一种典型情形。

5　　　最后，A的行为也可能符合《德国刑法典》第224条第1款第5项的"以危害生命的方式伤害他人"。是否危害生命的判断，是以行为的危险性而不是以造成的伤害的危险性为准，这一点是毫无争议的。[1]有争议的问题是危害生命这一要素在体系上的定位。通说认为，只需要存在抽象的、一般的生命危险即可。[2]而其他观点则认为必须存在具体的生命危险。[3]本案中，朝他人开枪射击的行为是否会导致致命伤完全取决于偶然因素，因为事先无法预计是否会打中人体的关键部位。具体在本案中，A只是打算击中B的手臂（而且事实上也只是打中了手臂），这一事实对于判断行为的危险性并没有决定性影响。本案中已经存在对生命的具体危险，因此可以搁置理论上的争议。A因此也符合《德国刑法典》第224条第1款第5项的加重构成要件要素。

　　　如果依照不同的观点在具体案件中会得出相同的结果，那么再费大量的笔墨介绍不同的观点并论述立场的选择就是不必要且不恰当的，因为这与对案情的分析并无太大关联。

　　　c）主观构成要件

6　　　此外，依据《德国刑法典》第15条的规定，A在行为时必

---

① *Fischer*, § 224 Rn. 12.

② BGHSt 2, 160, 163; *Fischer*, § 224 Rn. 12.

③ Schönke/Schröder/*Stree*/*Sternberg-Lieben*, § 224 Rn. 12.

须具有故意。因此，A必须对《德国刑法典》第223条第1款、第224条第1款的构成要件要素具有故意。A意欲伤害B，对他而言正是想造成B的身体伤害。因此，就《德国刑法典》第223条第1款而言，A具有第一级直接故意（dolus directus ersten Grades）。

在主观构成要件的检验中，必须分别论述对基本构成要件要素的故意和对加重构成要件要素的故意。

A意欲使用手枪作为武器，并通过阴险的突然袭击来实施行为，他对此具有第一级直接故意。而对于《德国刑法典》第224条第1款第5项的抽象的生命危险而言，只需要行为人认识到行为对被害人的生命具有危险性的情状即可。①从日常生活经验来看，使用武器射击会造成具有生命危险的伤害，因此可以肯定存在直接故意，主观构成要件得以符合。

在主观构成要件层面唯一存在问题的是，A是否存在以危害生命的方式伤害他人的故意。根据上文的论述也可以肯定这一点，即使行为人并不愿意杀死被害人或不想使其陷入生命危险。只要行为在客观上是危险的，而行为人对于构成这种危险性的事实情状存在认识即可。

2. 违法性与罪责

A的行为违法且有责。

3. 结论

A构成《德国刑法典》第223条第1款，第224条第1款第2

---

① *Fischer*, § 224 Rn. 13.

项、第3项和第5项规定的危险伤害罪。

（三）损坏财物罪，《德国刑法典》第303条第1款（对B的窗户玻璃）

8　　具体的行为对象没有得到充分的区分，这是考试中经常出现的错误之一。例如本案中需要讨论的对象不仅包括遭掉落的玻璃碎片砸中而损坏的汽车，还包括因为开枪射击而破碎的窗户玻璃。

1. 构成要件

a) 客观构成要件

A开枪射击打碎B的窗户玻璃，涉嫌触犯《德国刑法典》第303条第1款的规定，可能构成损坏财物罪。要构成本罪，必须非法损坏或者毁坏了他人财物。窗户玻璃是有体的标的，因此属于《德国刑法典》第303条第1款意义上的财物。而如果财物处于他人所有权的支配之下，那么就属于他人财物。[1]本案中，A并不是窗户的所有权人，因此窗户对他而言就属于他人财物。所谓"损坏"，是指通过身体的作用，使物的实体或常规用途受到严重损害。[2]而"毁坏"，则是"损坏"中一种特别严重的程度，是指财物的存在性被毁灭或者受到本质性损害以致常规用途完全丧失。[3]本案中，玻璃被子弹打碎后，彻底丧失了它的用途。因此，A的行为满足"毁坏"这一构成要件要素。客观构成要件得以符合。

---

[1]　Rengier, BT I, § 2 Rn. 6; 延伸阅读参见 Arzt/Weber/Heinrich/Hilgendorf, BT, § 12 Rn. 14 f.

[2]　*Wessels/Hillenkamp*, BT II, Rn. 34.

[3]　*Rengier*, BT I, § 24 Rn. 7.

b）主观构成要件

此外，A在毁坏玻璃时必须具有故意。在他着手射击时，**9**他就已经知道，开枪射击B必然会导致彻底毁坏窗户玻璃。如果行为人确切地认识到自己的行为会导致法定构成要件的实现而实施了这一行为，那么在他实现构成要件的意欲要素中便包括了所有他认为的行为的必然结果，即使他可能并不期待这一结果的发生。[①] 因此，A对于玻璃的毁坏具有第二级直接故意（dolus directus zweiten Grades）［明知性（Wissentlichkeit）］。主观构成要件也得以符合。

2. 违法性与罪责

A的行为违法且有责。

3. 结论

依据《德国刑法典》第303条第1款的规定，A对B的窗户玻璃构成损坏财物罪。依据《德国刑法典》第303c条的规定，该罪告诉才处理。

（四）损坏财物罪，《德国刑法典》第303条第1款（对C的汽车）

1. 构成要件

a）客观构成要件

A开枪射击导致B的窗户玻璃碎裂掉落砸中C的汽车，涉嫌 **10**触犯《德国刑法典》第303条第1款的规定，可能构成损坏财物罪。根据案情，掉落的窗户玻璃刮掉了汽车引擎盖的油漆。引擎盖表面的油漆作为汽车的防护涂层，其常规用途受到了严重损害。因此，A的行为构成对汽车的损坏。A的射击行为是玻璃

---

① *Wessels/Beulke/Satzger*, AT, Rn. 213.

碎裂掉落以及损坏汽车的原因，因而符合《德国刑法典》第303条第1款的客观构成要件。

b）主观构成要件

11 存在疑问的是，A对于损坏汽车主观上是否具有故意。A在开枪射击时认可接受了汽车可能会因此受到损坏，因而主观上具有间接故意。如果行为人主观上认为结果的发生是可能的，并对行为导致构成要件的实现予以放任，或至少认可接受，那么该行为人主观上便具有间接故意。[1] A在射击时已经认识到C的汽车可能会被掉落的玻璃碎片砸中，并对结果予以了认可接受，因此他在主观上具有间接故意，从而符合了主观构成要件。

2. 违法性与罪责

A的行为违法且有责。

3. 结论

依据《德国刑法典》第303条第1款的规定，A对C的汽车构成损坏财物罪。

（五）最终结论与竞合

12 依据《德国刑法典》第223条第1款、第224条第1款的规定，A对B构成危险伤害罪；依据《德国刑法典》第303条第1款的规定，A对B的窗户玻璃和C的汽车构成损坏财物罪。《德国刑法典》第223条第1款规定的伤害罪与第224条第1款规定的危险伤害罪之间是特别关系，因而适用第224条第1款的规定。危险伤害罪以及对B的窗户玻璃和C的汽车的损坏财物罪

---

[1] *Wessels/Beulke/Satzger*, AT, Rn. 214; Schönke/Schröder/*Sternberg-Lieben/Schuster*, § 15 Rn. 85.

成立《德国刑法典》第52条的犯罪单数（Tateinheit），因此A构成《德国刑法典》第224条第1款规定的危险伤害罪、第303条第1款（对B的窗户玻璃）规定的损坏财物罪、第303条第1款（对C的汽车）规定的损坏财物罪，依据《德国刑法典》第52条的规定成立想象竞合，从一重处罚。

四、案例评价

虽然本案被归为容易解决的案件，但对于新生而言还是具有一定的难度。如果能够对不同行为的不同的故意形式（第一级和第二级直接故意以及间接故意）进行区分，那么就可以交出一份优秀的案例分析。

需要注意的是，虽然行为人缺少杀人故意，但这并不必然意味着行为人对于危害生命的伤害行为也缺乏故意。而在损坏财物罪的判断中也必须对窗户玻璃和汽车分别进行考查，并且二者对应的是不同的故意形式。

案例4：艾滋病

关键词：故意杀人罪；伤害罪；故意；过失

难　度：简单

一、案情

T是一名患有艾滋病的性工作者。尽管她知道自己患有该疾病，并明白该疾病有传染风险，但是她仍然先后与A、B、C发生了无保护措施的性行为，并与C确立了恋爱关系。三人均不知T患有艾滋病，都被传染。A因艾滋病而去世。

试问T的刑事可罚性？

二、分析提纲

三、案情分析

（一）第一组行为：A的死亡

1. 故意杀人罪，《德国刑法典》第212条

1　　T涉嫌触犯《德国刑法典》第212条第1款的规定，可能构成故意杀人罪。

　　a）构成要件

　　aa）客观构成要件

　　《德国刑法典》第212条第1款要求的构成要件结果是他人的死亡。A的死亡必须由T的行为因果性地引起。具体到本案，T和A的性行为和A的死亡之间需要存在因果关系。根据条件公式，设想一个行为若不存在，则某个具体形态的结果就不会发生，那么行为与结果之间便具有因果关系。[①]如果A没有和T发生性关系，A就不会感染艾滋病，更不会因此死亡。因而，T的

[①] *Kühl*, AT, §4 Rn. 9; *Zieschang*, S.29.

行为与A的死亡之间存在因果关系。

刑法教科书中还有一种影响深远的观点，即在因果关系之外还要检验行为结果"在客观上的可归责性"。不过，德国联邦最高法院至今仍未采纳这一观点。批评意见主要来自"客观归责理论"的不确定性。[1]

bb) 主观构成要件

依据《德国刑法典》第15条的规定，T在行为时必须具有故意。故意是实现构成要件的认知和意欲。[2]故意必须指向全部客观构成要件。问题是，T是否对A的死亡结果也持有故意心态？ **2**

① 认知要素

认知要素（kognitives Element）要求行为人在行为时必须对构成要件要素存在认识。参照案情事实，T明确知道自己患病，并且明白该疾病存在传染风险。她也肯定清楚，这种疾病一般都会导致死亡。因此，T对他人感染艾滋病的可能性和可能的致死结果至少是清楚的。 **3**

② 意欲要素

然而，T还必须具有实现构成要件的意欲。T在行为时可能持有间接故意（或称附条件故意）的主观心态。间接故意也必须以具备故意的意欲要素（voluntatives Element）为前提。间接故意与有认识的过失的区别恰好在于，后者不具有实现构成要 **4**

---

[1] *Hilgendorf*, FS Weber, 2004, S.33 ff.

[2] *Baumann/Weber/Mitsch*, AT, § 20 Rn. 7 ff.; *Lackner/Kühl*, § 15 Rn. 3.

件的意欲。[1]间接故意意味着行为人对结果的出现持认可接受的态度。相反，有认识的过失意味着行为人相信该构成要件结果不会发生。

5 　　仅仅从T认识艾滋病的感染性以及该疾病通过无保护措施的性行为途径传播的可能性出发，还不能推导出T对传染A患病持认可接受的态度。[2]然而，如果行为人毫无顾虑或者漠不关心地接受了其行为可能导致的结果，则可以认定存在间接故意。认可接受构成要件结果还包括如下情形，即结果虽不为行为人所愿，但为了实现行为目标而放任其发生。[3]T以提供性服务换取报酬为职业，然而她却将营利置于顾客的健康之上，对他人是否感染艾滋病毒完全放任于偶然。顾客的生命对T而言是次要的。如果T不积极采取防护措施的话，进行无保护措施的性行为属于具有高度传染风险的行为。综上，T对他人感染艾滋病的结果持认可接受的态度。除此之外还需要说明的是，A的死亡结果是否也在T认可接受的主观心态范围之内。

6 　　这里对附条件故意会产生疑问，因为艾滋病的潜伏期是不固定的，在某些时候，也可能经过特别长的潜伏期才会发作，所以T也许相信在此期间可以研发出有效的药物治愈该疾病。然而这种可能性毕竟很小。现实生活中，艾滋病潜伏期的长短呈现出一种偶发性，以至于T并不能对此抱有确实的期待。此外，对T而言，A是与其没有任何私人关系的陌生人。因而，为实现其自身的利益，即从事她的职业，T对于A的死亡持漠不关

---

① 参见 Hillenkamp, Probleme AT, 1.Problem。
② 参见 BGH NJW 1989, 781, 784。
③ *BGH* NJW 1955, 1688; *Fischer*, § 15 Rn. 9b.

心地接受的态度。并且，感染艾滋病一般都意味着死亡，所以 T 在行为时具有附条件的杀人故意。[①]

如果论述足够充分，也可以支持另一种观点。比如这里认为不成立故意，只成立过失犯罪。

b）违法性与罪责

T 的行为违法且有责。 **7**

c）结论

T 构成《德国刑法典》第212条第1款规定的故意杀人罪。

2. 伤害罪，《德国刑法典》第223条及以下诸条

T 的行为还可能构成《德国刑法典》第223条及以下诸条规 **8** 定的伤害罪。杀人故意也一定涵括伤害故意，因为要实现杀人 的结果，必然要经历对身体造成伤害这一阶段。[②]据此，虽然 T 同样实现了《德国刑法典》第223条及以下诸条规定的伤害罪构 成要件，但也因和故意杀人罪既遂处于补充关系而被排除适用。

（二）第二组行为：B 感染艾滋病

1. 故意杀人罪未遂，《德国刑法典》第212条、第22条、第 23条第1款

T 对 B 可能构成故意杀人罪未遂，其行为没有既遂。依据 **9** 《德国刑法典》第212条、第22条、第23条第1款的规定，故意 杀人罪未遂可罚。

---

① 参见 Prittwitz, StV 1989, 123, 126; Schünemann, JR 1989, 89, 93 f.

② *Lackner/Kühl*, § 212 Rn. 7.

a) 行为决意

T 必须具有杀害 B 的行为决意。行为决意包括对所有客观构成要件要素的故意以及其他可能存在的主观构成要件要素。[1] T 至少对杀死 B 具有附条件故意。此处论述详见上文，T 对 B 的死亡结果持认可接受的态度。可以据此认定 T 行为决意的存在。

如果有足够的论据，也可以论证 T 对 B 的死亡并非持认可接受的态度，那么可能就无法认定存在行为决意，T 就不会因未遂受罚。

b) 直接着手

10　除此之外，依据《德国刑法典》第 22 条的规定，T 还必须已经直接着手实现构成要件。如果行为人按照自身设想，其行为已经相当接近于构成要件实行行为，以至于不存在实质意义的间隔行为就能顺利实现构成要件，即可认定为直接着手。[2] 尽管本案中 B 的死亡结果是否出现仍处于不确定的状态，也处于 T 的掌控能力之外，但 T 已经实施了能够导致 B 死亡结果的所有行为，即她已经实施了必要的行为。因此，可以认定 T 已经直接着手实现构成要件。

c) 违法性与罪责

T 的行为违法且有责。

d) 结论

依据《德国刑法典》第 212 条、第 22 条、第 23 条第 1 款的规定，T 对 B 构成故意杀人罪未遂。

---

[1]　Wessels/Beulke/Satzger, AT, Rn. 598；详见 Kühl, AT, § 15 Rn. 23 ff.

[2]　*Kühl*, AT, § 15 Rn. 58.

2. 伤害罪，《德国刑法典》第223条第1款

T将艾滋病毒传染给B，涉嫌触犯《德国刑法典》第223条 **11**
第1款的规定，可能构成伤害罪。

a）构成要件

aa）客观构成要件

伤害罪以对他人身体的乱待或健康损害为前提。乱待身体
（第一种情形）是指所有险恶、失当地给他人的身体安宁或身体
完整性造成明显损害的行为。①艾滋病在发作前有一定潜伏期，
因而感染艾滋病毒本身并未造成对身体安宁的损害。不过，感
染疾病却可能符合损害健康的情形（第二种情形）。损害健康
指的是引起或加剧他人偏离于身体正常状态的病理状态。②长
时间的潜伏期在这里会带来一定的认定困难。在疾病发作之前，
感染艾滋病毒本身与健康损害并不能完全等同，因此，部分观
点认为在此不符合《德国刑法典》第223条规定的客观构成要
件。③然而，感染艾滋病毒的同时，体液环境已经发生改变，长
此以往必然导致健康状况的恶化。从病毒感染到发病的过程已
经是确定的事实，被感染者的生活从此被迫发生改变。此外，
被感染者的精神状况也可能呈现病态。④因此，感染艾滋病毒原
则上可被视为损害健康。B被T传染了艾滋病毒，也就等于T损
害了B的健康。

bb）主观构成要件

此处T在行为时仍然具有《德国刑法典》第15条意义上的 **12**

---

① *Lackner/Kühl*, § 223 Rn. 4.

② *Lackner/Kühl*, § 223 Rn. 5.

③ 参见 AG Kempten NJW 1988, 2313, 2314 f.; Prittwitz, StV 1989, 123, 126 f.

④ *BGH* NJW 1990, 129; *AG Hamburg* NJW 1989, 2071.

附条件故意。与上文所述对A的故意杀人行为一样，T对B感染艾滋病也持认可接受的态度。

b）违法性与罪责

T的行为违法且有责。

c）结论

T对B构成《德国刑法典》第223条第1款第二种情形规定的伤害罪。

3. 危险伤害罪，《德国刑法典》第224条第1款

13 此外，T涉嫌触犯《德国刑法典》第224条第1款的规定，可能构成危险伤害罪。

a）构成要件

aa）客观构成要件

经上文所述，已经可以肯定T构成伤害罪，此外T的行为还可能符合《德国刑法典》第224条第1款第1项规定的加重构成要件，即以投放毒物（第一种情形）或者其他危险物质（第二种情形）伤害他人。毒物指的是在一定条件下能够通过化学或是物理—化学作用对身体健康造成巨大损害的有机物或无机物。[1]其他危险物质指的是通过生物性、机械性或者热能性作用对他人健康造成损害的物质，比如细菌或者病毒。[2]艾滋病毒则属此类。

14 另外，T的行为还可能符合《德国刑法典》第224条第1款第5项的规定，即以危害生命的方式伤害他人。这就必须要求将无保护措施的性行为认定为危害生命的方式。这里只需要客观

---

[1] Schönke/Schröder/*Stree/Sternberg-Lieben*, § 224 Rn. 2b.

[2] *Lackner/Kühl*, § 224 Rn. 1a附有进一步的明证; *Wessels/Hettinger*, BT I, Rn. 264, 268.

上符合危害生命的方式，而不要求出现一个具体的危险。[1]感染艾滋病毒最终一定会导致疾病发作，而且通常会引发死亡结果。这里无保护措施的性行为已经使B感染上病毒，并最终危害B的生命。[2]因此，T的行为符合《德国刑法典》第224条第1款第5项规定的客观构成要件。

bb）主观构成要件

上文已经论证，T对基本构成要件要素具有故意，所以还需要论证T对加重构成要件要素是否也具有《德国刑法典》第15条意义上的故意。这至少对于《德国刑法典》第224条第1款第1项来说不成问题，上文已经论述，T对将病毒传染给B的行为具有故意。 **15**

T可能不认为艾滋病毒属于危险物质，但这一事实也应属于涵摄错误（Subsumtionsirrtum），对结果不产生影响。[3]

问题在于，T是否对《德国刑法典》第224条第1款第5项规定的构成要件要素也具有故意。此处只要T认识到其行为可能危害生命，便能肯定故意的存在，并不要求行为人自身将其行为归类为危害生命的方式。[4]T对上述情状存在认识，因此，她对《德国刑法典》第224条第1款第5项规定的以危害生命的方式伤害他人具有故意。 **16**

b）违法性与罪责

T的行为违法且有责。

---

[1] Lackner/Kühl, § 224 Rn. 8 附有进一步的明证。

[2] 参见 BGH NJW 1989, 781, 783。

[3] 参见 Wessels/Beulke/Satzger, AT, Rn. 242; 详见 Baumann/Weber/Mitsch, AT, § 21 Rn. 7 ff.

[4] BGH NJW 1989, 781, 785; Fischer, § 224 Rn. 13.

c）结论

T构成《德国刑法典》第224条第1款第1项和第5项规定的危险伤害罪。

（三）第三组行为：C感染艾滋病

1.伤害罪，《德国刑法典》第223条第1款

17 T将艾滋病传染给C，涉嫌触犯《德国刑法典》第223条第1款的规定，可能构成伤害罪。

a）构成要件

aa）客观构成要件

C感染艾滋病毒会导致其健康受到损害，而该损害结果和T的行为之间具有因果关系。

bb）主观构成要件

18 依据《德国刑法典》第15条的规定，T在行为时必须具有故意。无论如何，T在主观上至少具有间接故意，或称附条件故意。如果行为人对可能出现的结果持认可接受的态度，即具有附条件故意。相反，如果行为人认为"一切都很好"，能够成功阻止损害结果的发生，则可认定其具有有认识的过失。[①] T对自己感染病毒和可能传染给C的可能性处于明知状态。但是可以推断，T相信结局是幸运的。T和C彼此相爱，因此应当认为，T希望C能够远离伤害。这里T不具有故意。[②]

b）结论

T不构成《德国刑法典》第223条第1款规定的伤害罪。

[①] *Wessels/Beulke/Satzger*, AT, Rn. 225；详见 *Baumann/Weber/Mitsch*, AT, § 22 Rn. 3 ff.

[②] BGH NJW 1990, 129, 130；另一种观点也很有道理，首先从事实上看，T与C可能发生不止一次而是多次性行为。

2. 过失伤害罪,《德国刑法典》第229条

T将艾滋病传染给C,涉嫌触犯《德国刑法典》第229条的 **19** 规定,可能构成过失伤害罪(Fahrlässige Körperverletzung)。

a)构成要件

T的行为对C的身体造成了损害,而这也是《德国刑法典》第229条规定的构成要件结果。但该构成要件还要求由过失行为引起该结果。过失指的是行为人忽视了日常交往中必要的注意。因此,此处需要T在客观上违反注意义务。T已经知晓艾滋病毒的可传染性,她本可以不与他人发生无保护措施的性行为。可是T仍然和C在无保护措施的情况下发生性行为,所以存在客观注意义务之违反(objektive Sorgfaltspflichtverletzung)。构成要件结果的出现对T来说也是可预见和可归责的。

b)违法性与罪责

T的行为违法且有责。尤其需要提及的是,该行为对于T个人而言也具有可预见性,所以她在主观上也违反了注意义务,应受谴责。

c)结论

T构成《德国刑法典》第229条规定的过失伤害罪。依据《德国刑法典》第230条第1款的规定,该罪告诉才处理。

(四)最终结论与竞合

T在第二组行为中因同一个行为构成《德国刑法典》第224 **20** 条第1款第1项和第5项规定的危险伤害罪,《德国刑法典》第212条、第22条、第23条第1款规定的故意杀人罪未遂,二者

成立《德国刑法典》第52条规定的犯罪单数。[①]但伤害罪既遂并不因故意杀人罪未遂而被排斥适用。虽然伤害故意可以为杀人故意所涵括，但并不意味着每一个杀人未遂都必定对他人身体造成伤害。因此，这里只能对已经实现的结果无价值通过犯罪单数的评价来处理。行为人在其他行为阶段中实现的犯罪都基于各自独立的行为，依据《德国刑法典》第53条的规定作为犯罪复数进行处理。因此，依据《德国刑法典》第212条、第22条、第23条第1款、第224条第1款第1项和第5项、第52条的规定，T构成故意杀人罪未遂和危险伤害罪，成立犯罪单数（想象竞合，从一重处罚）；依据《德国刑法典》第212条的规定，T构成故意杀人罪；依据《德国刑法典》第229条的规定，T构成过失伤害罪。以上成立《德国刑法典》第53条规定的犯罪复数（实质竞合，数罪并罚）。

四、案例评价

本案就其长度和难度适合作为第一学期的期末考试题目，前提是需对伤害罪和故意杀人罪的构成要件有所了解。

本案的重点在于区分故意和过失。所以在分析过程中无须调动特别多的知识储备，而仅需要运用基础知识。尤其重要的是，在A、B、C感染艾滋病的过程中，注意对故意的要素（认知要素和意欲要素）进行界定，并强调其区别。

案例分析的结论并不具有最关键的意义，只要答案在合理的框架内即可。更重要的是令人信服的法学论证过程。

---

① *BGH* NJW 1999, 69; *Fischer*, § 212 Rn. 22.

正确处理竞合能够保证案例分析有一个好的结尾。这里应当熟悉犯罪单数的论证方式。

司法实践中的重要判例：传染艾滋病毒的伤害罪：BGH NJW 1987，2314；因无保护措施的性行为而传染艾滋病毒的刑事可罚性：BGH NJW 1989，781.

其他延伸阅读：*Puppe*，*Ingeborg*，Begriffskonzeptionen das dolus eventualis，GA 2006，65；*Schlehofer*，*Horst*，Risikovorsatz und zeitliche Reichweite der Zurechnung beim ungeschützten Geschlechtsverkehr des HIV-Infizierten，NJW 1989，2017；*Schünemann*，*Bernd*，Riskanter Geschlechtsverkehr eines HIV-Infizierten als Tötung，Körperverletzung oder Vergiftung?，JR 1989 89（基于1998年之前的法律状况）.

案例5：冤枉的替死鬼

关键词：谋杀罪；故意杀人罪；教唆犯；过失；对人的错误
难　度：偏难

一、案情

　　A花费2万欧元雇佣职业杀手K，想要除掉O。O每周六晚上都要去马厩照顾马匹，K决定在那里射杀O。A将一切具体事宜都托付给K去实施。A向K描述了O的体型和衣着，为保险起见还给了K一张O的照片，尽管他认为在那个时间点不会有除O以外的其他人出现在马厩。之后的周六晚上，K在马厩里等待伏击O。稍后，一个体貌特征完全符合描述的男子走进了马厩。K于是向他瞄准并开枪射击。这个人其实是U。K发现杀错人后重新躲藏起来，当真正的O走进马厩时，他又开枪杀死了O。

　　试问A、K的刑事可罚性？

二、分析提纲

问题：对行为对象的认识错误会产生怎样的影响？

问题：受雇杀人可以成立卑劣动机吗？

问题：A本人是否也满足谋杀要素？

问题：K对被害人的错误能否归责于A？

三、案情分析

（一）K的刑事可罚性

　　1. 故意杀人罪，《德国刑法典》第212条（对U）

1　　K射杀U，涉嫌触犯《德国刑法典》第212条的规定，可能构成故意杀人罪。

　　a）构成要件

　　aa）客观构成要件

　　K杀死了U，因而实现了《德国刑法典》第212条规定的客观构成要件。

　　bb）主观构成要件

2　　相较于客观构成要件，主观构成要件方面更容易存在争议。故意指的是实现构成要件的认知和意欲。[1]故意必须在实现构成要件的时间点上就已存在。本案中，K想要开枪射杀走进马厩的人，他的主观故意指向了《德国刑法典》第212条规定的构成要件，并且具体指向U这个人。根据这一故意，K杀死了U，原则上可以肯定杀人故意已经存在。然而问题在于，K在事实上对行为对象产生了认识错误——其认为被射杀的对象就是

---

[1]　BGHSt, 19, 295（298）：对相关情状存在认识，实现构成要件的意欲；Fischer, § 15 Rn. 3.

O——这一错误会产生什么影响。此处错误被称作对人的错误（error in persona）。有观点认为，这种情况下应当否定故意的存在，因为行为实际指向的对象和行为人原先的设想有本质的出入。[①]现今主流观点则认为，类似本案的情形，行为人设想的和实际指向的行为对象在构成要件上性质一致，因此在行为无价值的内涵上并无本质区别，该错误对故意的成立并无影响。[②]特别是，按照法条的字面含义，故意必须抽象地指向杀死"一个人"的情形。因此，对被害人身份的认识错误只能成立动机错误。应当认定K对杀死U具有故意。

b）违法性与罪责

K的行为违法且有责。

3

c）结论

K构成《德国刑法典》第212条第1款规定的故意杀人罪。

2. 谋杀罪，《德国刑法典》第211条（对U）

需考虑K对U是否构成《德国刑法典》第211条规定的谋杀罪。

4

需要注意的是，依照本书案例分析和通说的观点，谋杀罪是《德国刑法典》第211条规定的故意杀人罪的加重构成要件。但判例却认为谋杀罪和故意杀人罪是各自独立的构成要件，具有各自独立的非价内涵。[③]

---

① 然而现今几乎无人认同该立场。经典论述参见von Liszt, Strafrecht, 21./22. Aufl. 1919, S. 170 f.
② *Roxin*, AT I, § 12 Rn. 173, 194 ff.
③ 《德国刑法典》第211条和第212条特殊的构造问题参见Wessels/Hettinger, BT I, Rn. 134 ff.

若要构成谋杀罪，K的行为必须（至少）符合一个谋杀要素。

a）构成要件

aa）谋杀要素之阴险

如上文所述，K已经符合《德国刑法典》第212条规定的基本构成要件。K杀死U的行为还可能因其阴险性而符合《德国刑法典》第211条（谋杀罪）第2款第二组规定的构成要件要素，从而符合加重构成要件。依照判例的观点，阴险（Heimtücke）是指行为人明知被害人处于毫无猜疑且毫无防备的境地，却对其有敌意地加以利用。[1]

毫无猜疑是指被害人在行为时间点对即将到来的攻击毫不知情。本案中的U正是如此。由于其毫无猜疑，没有能力防卫攻击[2]，因而处于毫无防备的境地。同时也可以肯定行为人K具有敌意。如果参照判例的观点，则本案中谋杀要素之"阴险"已经成立。

5　　　与之相反，部分文献观点建议在阴险要素的解释上，用应受谴责的失信来取代敌意。[3]回到本案中，应当检验K是否存在应受谴责的失信。U和K之间根本未曾建立信任关系，也就否定了失信的存在。但上述观点也遭到一定程度的反对，因为其未能使解释更加细致以及明确。这一点从《德国刑法典》第240

---

[1]　BGHSt, 32, 382；39, 353, 368；*BGH* NStZ 2009, 569, 570.

[2]　也可参见 BGH NStZ 1991, 233。

[3]　详见 Schönke/Schröder/Eser/Sternberg-Lieben, § 211 Rn. 26 附有进一步的明证。对于文献和判例所主张的观点梗概，详见 Otto/Bosch, BT, § 4 Rn. 17 ff.

条（强制罪）第2款规定的"应受谴责"要素的解释困境中就已经可见端倪，如有可能，这个极具疑问的术语将随时被其他更明确以及更具界定度的概念取代。[①]因此，就目前而言，采纳判例的观点似乎是最好的做法，只要求行为人具有"敌意"便可成立阴险要素。综上，本案中K的行为符合谋杀要素之阴险。

bb）谋杀要素之贪婪

K还可能符合《德国刑法典》第211条第2款第一组中的谋杀要素之贪婪（Habgier）。贪婪不仅要求行为人通过杀死他人谋取利益，更要求行为人肆无忌惮、冷酷无情地不惜任何代价而获取这一利益。[②]以收取报酬而受雇于人的行为人无论如何都可以被认定为贪婪。[③]受雇佣的杀手伏击目标，足以显示其冷酷无情和肆无忌惮。因此，可以认定K的行为符合《德国刑法典》第211条第2款第一组中的谋杀之贪婪要素。

cc）谋杀要素之卑劣动机

此外还需考虑K是否符合《德国刑法典》第211条第2款第一组中的谋杀要素之卑劣动机（niedrige Beweggründe）。在解释这一加重构成要件要素的时候必须注意：任何杀害他人的行为原则上都是应受谴责的。但如果仅仅是杀害他人，并不足以构成《德国刑法典》第211条第2款第一组意义上的"卑劣动机"。"卑劣动机"意指处于道德底层，以一般的价值观念衡量应受严

---

① 对于准确表达"应受谴责"概念的尝试，参见Haft, BT II, S.179 ff.；也可参见BVerfGE 45, 187 ff.对于谋杀要素予以限缩解释的要求。

② Fischer, § 211 Rn. 10；详见Arzt/Weber/Heinrich/Hilgendorf, BT, § 2 Rn. 56 ff.

③ Schönke/Schröder/*Eser/Sternberg-Lieben*, § 211, Rn. 17.

重谴责甚至应受完全鄙视的行为动机。[①]例如基于报复心理或种族仇恨而杀人。[②]K属于职业杀手，而杀人对他来说可算是"营生的行当"；从这一点来看，并不能认定K具有"卑劣动机"。而他谋取不义之财应在"贪婪"要素中进行检验，与"卑劣动机"并无关联。

这里甚至可以完全省略对"卑劣动机"的检验。

综上所述，K的行为不符合谋杀要素之"卑劣动机"。

b）违法性与罪责

8 K的行为违法且有责。

c）结论

依据《德国刑法典》第211条第1款和第2款的规定，K的行为符合谋杀罪第一组要素（贪婪）和第二组要素（阴险），构成谋杀罪。故意杀人罪排除适用（特殊关系）。

3. 谋杀罪，《德国刑法典》第211条（对O）

9 K同时也枪杀了O，其行为符合《德国刑法典》第212条第1款规定的构成要件。而K用与之前杀害U同样的方式杀害了O，所以其行为同样符合《德国刑法典》第211条第1款和第2款意义上的谋杀罪第一组要素（贪婪）和第二组要素（阴险）。依据《德国刑法典》第211条第1款和第2款的规定，K对O同样构成谋杀罪。

---

① BGHSt 3, 132; *Wessels/Hettinger*, BT I, Rn. 95.
② 参见 BGHSt 18, 37; Fischer, § 211 Rn. 14 ff.

（二）A的刑事可罚性

1. 谋杀罪的教唆犯，《德国刑法典》第212条、第211条、第26条（对O和U）[①]

A涉嫌触犯《德国刑法典》第212条、第211条、第26条的 **10** 规定，可能构成谋杀罪的教唆犯（Anstiftung）。

a）故意且违法的主行为

因K构成谋杀罪既遂，所以存在故意且违法的主行为。

b）唆使：

aa）对谋杀O的唆使

A故意唆使K杀死O，促使K产生谋杀的行为决意。然而， **11** A并不满足贪婪要素。依据将谋杀罪视为故意杀人罪的加重构成要件的通说，在这一点上可以排除教唆犯的成立。依据《德国刑法典》第28条第2款的规定，只存在于K而不存在于A的人身性特别要素（besondere persönliche Merkmale），不能归属给A。[②] 如果将与行为人相关的第一组谋杀要素理解为罪责要素，并且适用《德国刑法典》第29条的规定，也会得出与以上相同的结论。[③] 而判例却将谋杀罪与故意杀人罪视为两个独立的构成要件，并将共犯从属性原则（Akzessorietätsregeln）适用于人身性特别要素。因为A知道K的贪婪，依照判例的观点，A构成谋杀罪的教唆犯。然而，以上观点冲突可忽略不计，因为A的故意涵括了K的阴险行为。《德国刑法典》第28条第2款规定

---

① 像本案这样的情形，可以放在一起检验。不过涉及教唆杀害O和教唆杀害U的问题必须在思维层面上分开考虑。当然也可以分别进行检验，只不过这样一来就会增加书写的工作量和内容的冗余。

② 参见Schönke/Schröder/Eser/Sternberg-Lieben, § 211 Rn. 48 f.

③ 参见Wessels/Beulke/Satzger, AT, Rn. 422。

的共犯从属性中断事由（Akzessorietätsdurchbrechung）不适用于像阴险这样与行为相关的要素。所以依据《德国刑法典》第211条第1款和第2款、第26条的规定，A的行为符合谋杀罪第二组要素（阴险），构成谋杀罪的教唆犯。①

bb）对谋杀U的唆使

12 问题在于，A是否对K谋杀U的行为也成立教唆犯。毕竟A并不想杀害U。

有观点认为，既然对被害人的认识错误不会影响行为人谋杀罪的成立（详见上文），那么也不会影响教唆犯的成立。②毕竟如此便可解释A对U同样构成谋杀罪。本案中，如果仅仅因为A已经将具体作案过程全权委托给K自行决定就否认A对杀害U的教唆故意，从而减轻其刑责，会让人难以接受。德国联邦最高法院也持相同观点。③

13 完全相左的观点则主张：设想K在杀害U之后又将多名路人误当作O而射杀，直到他遇到了真正的O为止。在此，K的每一次杀人行为都构成谋杀罪，这是毫无疑问的。但是，A是否应该对K的每一起谋杀行为都成立教唆犯呢？这显然是有违罪责原则的，因为教唆者的故意内涵和实现构成要件的主行为的进程必须在实质上达到一致。因此，该观点认为行为人对被害人的认识错误对于教唆者而言应该作为打击错误（aberratio

---

① 参见Wessels/Hettinger, BT I, Rn. 140; BGHSt 50, 1附有评论Valerius, JA 2005, 682。
② 详见普鲁士高等法院著名的Rose-Rosahl案，GA 7（1859），322（这里参见Alwart, JuS 1979, 351; Bemmann, MDR 1958, 817; Roxin, AT I, § 12 Rn. 173, 194 ff., Toepel, JA 1997, 344）；延伸阅读参见Schönke/Schröder/Heine/Weißer, § 26 Rn. 26; Loewenheim, JuS 1966, 310, 314; Puppe, GA 1984, 101, 120 f.; Wessels/Beulke/Satzger, AT, Rn. 577 ff., 含有大量对于争论情况的陈述。
③ *BGH* NStZ 1991, 123=BGHSt 37, 214附有评论*Puppe*, NStZ 1991, 124 und *Roxin*, JZ 1991, 680.

ictus）进行处理。①

从正犯和共犯（此处为教唆犯）的一般关系出发解决该问 **14**
题是比较合适的做法。②行为人超越教唆内容的行为不能归责于
教唆者这一规律，已经得到普遍认可。本案中亦同样适用。该
规律判断的关键在于，行为人行为的具体形态能否为教唆者之
故意所涵括。只有在事实上的因果进程与主观设想发生实质偏
离的时候，才能否定归责。③如果行为人以为杀死了教唆者教唆
自己去杀的人，但受害人实际上却是另一个人，既不能笼统地
断定该认识错误不影响教唆犯的成立，也不能轻易适用打击错
误的规则；毋宁说，应当查明，教唆者是否至少以间接故意涵
括了杀死特定对象以外的其他人。如果涵括，则行为人的行为
同样要归责于教唆者。④

因此，需要检验A的教唆故意是否涵括了杀死O以外的其 **15**
他人。有观点主张，A的故意内容并不涵括将U作为具体的杀
害对象。在关于行为人对被害人身份发生认识错误的讨论中，
一般认为杀人故意指向《德国刑法典》第212条、第211条规定
的构成要件要素即可；而行为人的故意并不需要涵括被害人的
身份。该原则可以运用于本案。⑤于是，本案需要回答的问题
是，A是否认识到除O以外其他人死亡的可能性，以及是否在
主观上放任这种结果的发生。A向K详细描述了O的体貌特征，

---

① Jescheck/Weigend, AT, § 64 II 4; Stoffers, JuS 1993, 837; 也可参见 Stratenwerth/Kuhlen,
§ 8 Rn. 98（与通说相背离的对打击错误的处理）。

② *BGH* NStZ 1991, 123（Hoferben案）=BGHSt 37, 214.

③ *Baumann/Weber/Mitsch*, AT, § 30 Rn. 89.

④ 结论也可参见Loewenheim, JuS 1966, 310, 315。

⑤ 相关参见Puppe, GA 1981, 1。

甚至还交付了一张O的照片。可见A的故意只是具体指向O的。至于A是否认识到O以外其他人死亡的可能性，以及是否放任该结果的发生，案情并未给予说明。

如上文所述，虽然从故意内容的具体化来说可以主张A希望一个人死亡，而该意欲也得以实现，所以A的教唆故意也涵括了U的死亡结果。但这显然与A只希望除去某个特定人（而不是两个人）的意欲相悖。所以，本案中因果进程的偏离已经不能为A的故意所涵括。

相反，如果K只杀死了U，而O完好无损地存活下来，其他事实与本案相同，则A构成教唆犯既遂。

16　因此，A教唆杀害O以外其他人的故意不能成立。

这里，本案与德国联邦最高法院的判例BGHSt 37, 214有所不同。在该判例中，德国联邦最高法院认为事实进程和主观设想的偏离仍处于依照日常生活经验可预见的范围之内。

这意味着U的死亡不能归责于A，因而A对U的死亡不构成谋杀罪的教唆犯。由于缺乏教唆故意，依据《德国刑法典》第30条第1款第1句第一种情形、第212条、第211条的规定，也排除A构成谋杀罪的教唆未遂。

2. 过失杀人罪，《德国刑法典》第222条

17　A还涉嫌触犯《德国刑法典》第222条的规定，可能构成过失杀人罪。

a）行为、结果和因果关系

如果A没有教唆K去杀害O，U也不会被杀。A的行为和U

的死亡结果之间存在因果关系。

b）客观注意义务之违反与预见可能性

问题在于，A是否因违反注意义务而要受到谴责。需要注意 **18**
的是，因违反注意义务而创设的危险必须在造成的事实结果中
实现。①本案中A雇佣K去杀害O，仅从这个事实不能确认A对
U的死亡结果具有过失。否则就会回归到旧日的"自陷禁区理
论"（versari in re illicita），即只要某人做了不被允许的行为，则
其对纯属偶然发生的结果也应负责。②应当检验A是否对U存在
应受谴责的注意欠缺，而该欠缺恰好实现于U的死亡结果之中。
根据案情，案发当晚除O以外还会有其他人进入马厩并不在A
的考虑范围之内。尽管如此，A还是向K详尽描述了O的体型和
衣着，"为保险起见"还给了K一张O的照片。以该案情事实为
基础，并不能认为A对U存在违反注意义务的行为。因此，K在
黑暗中首先无意射杀了错误的对象，并不能归责于A。A雇佣职
业杀手杀害O，这一行为在主观上是故意。但是，A对于U的死
亡并不具有过失，所以排除A对于U构成过失杀人罪。

（三）竞合

对于K来说，仍需要论证其所犯的两起谋杀罪之间处于何 **19**
种关系。首先需要考虑的是《德国刑法典》第52条基于自然的
行为单数（natürlicher Handlungseinheit）的想象竞合。③

判例对自然的行为单数概念的认定相当宽泛。同一意欲支
配下的多个行为举止，只要存在紧密的时空关联，就可认为是

---

① BGHSt 11, 1; 详见 Schönke/Schröder/Sternberg-Lieben/Schuster, § 15 Rn. 156 ff.
② 详见 Rüping/Jerouschek, Rn. 33。
③ 参见 Heinrich, AT, Rn. 1413 ff.

自然生活观念意义的一行为。这在侵犯不同的最高人身性法益时同样适用。[1]有时候德国联邦最高法院甚至认为只要存在意思决定同一性（Einheitlichkeit des Willensentschlusses）便可成立自然的行为单数。[2]

20　　判例观点在此应当否定。因为它设定的标准过于宽泛，无法进行清晰的界定。本案若以"自然生活观念"为根据，就无法继续展开；如果依照所谓"意思决定同一性"的标准，结论近乎恣意。判例的做法显然是希望达到避免适用《德国刑法典》第53条（以及由此带来的量刑复杂性）的目的。

　　相反，得到较多赞同的观点是将自然的行为单数限定在以下情形，即受意思决定同一性支配而快速连续地重复实现某一个特定构成要件，且其不法只是简单的数量叠加。[3]在这一前提下，对不同的最高人身性法益的侵犯就会排除在自然的行为单数之外。[4]

　　本案中，K虽然在很短的时间内连续两次实现同一构成要件，但两次行为并非受意思决定同一性所支配。因为K在意识到射杀了错误的对象之后，又产生了新的决意，重新隐藏起来将O射杀。此外，本案涉及的是对两个最高人身性法益的侵害，因而不能成立自然的行为单数。

21　　虽然K也一并实现了《德国刑法典》第223条、第224条规定的构成要件，但相较于第212条、第211条居于次要地位，故

---

① 参见BGH NStZ 1985, 217；StV 1990, 544；详见BGH NStZ 1996, 129。

② 特别是在Polizeiflucht案中，参见BGHSt 22, 67, 76；批判详见 Sowada, Jura 1995, 245。

③ *Schönke/Schröder/Sternberg-Lieben/Bosch*, Vor § 52 ff. Rn. 17.

④ *Gropp*, AT, § 14 Rn. 44；*Roxin*, AT II, § 33 Rn. 38.

而被排除适用（同一说）。[①]至于是否构成《德国刑法典》第123条规定的侵犯居住安宁罪，则有待查明（如果K构成该罪，则A相应地构成侵犯居住安宁罪的教唆犯）。侵犯居住安宁罪涉及不同的法益，与《德国刑法典》第212条、第211条成立犯罪单数。

综上，最终可以得出，依据《德国刑法典》第211条第1款、第2款第一组谋杀要素（贪婪）与第二组谋杀要素（阴险）及第53条的规定，K对U和O均构成谋杀罪（实质竞合，数罪并罚）。依据《德国刑法典》第211条第1款、第2款第二组谋杀要素（阴险）及第26条的规定，A对O构成谋杀罪的教唆犯。

四、案例评价

本案偏难，需要以熟练掌握刑法总论的知识为前提。案例重点考查了正犯与共犯、过失犯以及错误的问题。另外对谋杀要素也进行了检验。

本案特别的问题在于，行为人对于行为对象（U/O）的认识错误会对教唆者（A）产生什么样的影响。该问题因普鲁士高等法院裁判的Rose-Rosahl案而闻名。学生需要讨论，该错误导致的结果是否可以归责于A的教唆。还需要进一步分析，对被害人的认识错误之于教唆犯的不同处理的可能性。以下三种不同的观点需要在案例分析中提及：

（1）行为人对被害人的认识错误不影响教唆者教唆犯的成立。

---

① Lackner/Kühl, § 212 Rn. 7 ff., 9; 其他观点参见RGSt 61, 375（对立说）。

后果：对行为人错误杀害的目标构成谋杀罪的教唆犯。

（2）行为人对被害人的认识错误对于教唆者而言构成打击错误。

后果：对行为人错误杀害的目标构成过失杀人罪，对计划杀害的目标构成未遂。

（3）如果教唆者至少以间接故意的形式涵括了对错误目标的杀害，则可将行为人的行为归责于教唆者。

后果：必须检验是否存在相应的故意。

司法实践中的重要判例：(Hoferbenfall）: BGH NStZ 1991, 123=BGHSt 37，214；(Rose-Rosahl-Fall）: Preußisches Obertribunal，GA 7（1859），322.

其他延伸阅读：*Dohmen，Anja*，Karnevalsparty mit Folgen, Jura 2006，143；*Geppert，Klaus*，Zum „error in persona vel obiecto" und zur „aberratio ictus"，insbesondere vor dem Hintergrund der neuen „Rose-Rosahl-Entscheidung"（BGHSt 37，214 ff.），Jura 1992，163；*Schlehofer，Horst*，Der error in persona des Haupttäters-eine aberratio ictus für den Teilnehmer?，GA 1992，307；*Toepel，Friedrich*，Aspekte der „Rose-Rosahl" −Problematik，JA 1996，886；JA 1997，248；JA 1997，344；*Toepel，Friedrich*，Fälle zu error in persona und aberratio ictus，JA 1997，948.

案例6：虐狗

关键词：故意杀人罪；伤害罪；损坏财物罪；过失；非典型的因果
进程；客观归责
难　度：偏难

一、案情

B是A的情敌。一天A在一条幽暗的小巷里与B偶遇，他临时起意决定除掉自己的对手。于是A从口袋里抽出随身携带的折叠刀朝着比自己强壮得多的B捅去。

B手臂和大腿多处被A刺伤、割伤，他意识到自己命悬一线而且很难说服A放下武器。就在A举刀继续朝自己刺来时，B将A的头狠狠地朝着街道边石撞去。A即刻昏了过去，不久其因为颅底骨折（Schädelbasisbruch）死亡。B已经认识到可能发生这样的结果，但对该结果认可接受。

几周之后，B在一家咖啡馆吃早饭，他因为账单太贵而感到生气。B付完钱离开咖啡馆之后，为了泄恨，用手杖前端尖锐的金属头狠狠地刺了正躺在咖啡馆门口的狗W。B知道W是咖啡馆老板G的狗。W受伤流血而被送到宠物医院治疗。G与W相依为命，由于W的受伤而感到十分生气，导致哮喘病发作随后被送去急诊。而B并不知道G患有哮喘病。

变体案情：B知道G患有哮喘病，并打算用自己的行为激怒G从而引起其哮喘病发作。

试问B的刑事可罚性？不需要考虑附属刑法中的规定。

二、分析提纲

三、案情分析

（一）第一组行为：夜斗

1. 故意杀人罪，《德国刑法典》第212条第1款

1　　B把A的头朝街道边石上撞，涉嫌触犯《德国刑法典》第212条第1款的规定，可能构成故意杀人罪。

a）构成要件

aa）客观构成要件

《德国刑法典》第212条第1款规定的成立条件之一是杀死他人。A是他人。B把A的头往街道边石上撞，如果他没有这么做，A就不会死亡。因此B的行为是A死亡的必要条件（条件公式），即A死亡的原因。

bb）主观构成要件

2　　B在行为时必须具有故意（《德国刑法典》第15条）。所谓故意是指实现构成要件的认知和意欲。这里并不清楚B是否想要杀死A（蓄意），也不清楚B是否确切地知道A必然会死亡（明知）。B只是想让他的对手无法继续打斗下去。B预见到了A死亡的可能性并对此予以放任。因此B主观上具有间接故意。

b）违法性

问题在于，B的行为是否违法。B或可依据《德国刑法典》**3**第32条规定的正当防卫排除自己行为的违法性。

aa）防卫情势

要成立正当防卫，首先必须存在防卫情势，即存在现时的违法攻击。所谓攻击，指的是通过人的行为对法律所保护的法益造成直接的威胁。[①]A用刀刺B的行为使B的生命和身体完整性陷入危险，B由此面临攻击。攻击必须具有现时性。当攻击即将发生、已经开始或仍在持续，该攻击就具有现时性。[②]在B实施防卫行为时，A的攻击仍在持续，因此该攻击具有现时性。攻击还必须是违法的。如果攻击行为违反了法律规范且不具有违法阻却事由，那么该攻击就是违法的。A的攻击符合故意杀人罪（未遂）以及伤害罪的构成要件，而且欠缺违法阻却事由。因此A的攻击是违法的。可以肯定存在防卫情势。

bb）防卫行为

B必须实施了一个对于防卫攻击而言适当、必要和需要的行为**4**（即防卫行为）。B把A的头往街道边石上撞的行为终止了A的攻击，因此是一个适当的防卫行为。防卫行为还必须是必要的。在具有同样效果的防卫手段中采用最温和的防卫手段即为必要。当时对于B而言没有其他更温和的手段能够终止A的攻击，也不能指望让A放下武器或停止攻击。把A的头撞向街道边石是当时最温和的手段，因而是必要的，这一行为也是需要的。因此B的防卫行为是被允许的。

---

① *Lackner/Kühl*，§ 32 Rn. 2；*Zieschang*，S.58.

② *Lackner/Kühl*，§ 32 Rn. 4.

在部分案件中，防卫行为的需要性（Gebotenheit）是存在疑问的。这类案件包括攻击是由防卫者有过错的挑衅行为而引起的情况，攻击者与防卫者之间存在密切的亲属关系，攻击是由孩子或者精神病人发起的，以及防卫手段明显不符合比例的情况。① 本案并不属于以上情况。《欧洲人权公约》第2条第2款a禁止杀人的禁令是否会限制德国法上的防卫权，仍然存在争议。②

cc）主观违法阻却要素——防卫意思

5　　B对于防卫情势存在认识，并想要进行自我防卫。因此B的行为因符合《德国刑法典》第32条的规定而成立正当防卫从而排除违法性。

c）结论

B不构成《德国刑法典》第212条第1款规定的故意杀人罪。

2. 伤害罪，《德国刑法典》第223条第1款

6　　B把A的头撞向街道边石，涉嫌触犯《德国刑法典》第223条第1款的规定，可能构成伤害罪。但这一行为同样可以依据《德国刑法典》第32条的规定排除违法性。这一行为虽然符合构成要件，但并不违法。因此B并不构成《德国刑法典》第223条第1款规定的伤害罪。

3. 对第一组行为的结论

B无罪。

---

① Heinrich, At I Rn. 361 ff. 中的案例组：*Heinrich*, AT I. Rn. 361 ff.
② 参见 Wessels/Beulke/Satzger, AT, Rn. 343a.

（二）第二组行为：虐狗泄愤

1. 损坏财物罪，《德国刑法典》第303条第1款

B的行为可能构成损坏财物罪。 **7**

a）构成要件

欲构成损坏财物罪，B必须损坏或者毁坏了他人财物。依据《德国民法典》第90a条的规定，动物不是物。依据该条第3句的规定，除另有规定外，关于物的规定准用于动物。而《德国刑法典》第303条第1款规定的财物的概念则包括动物。[1] 狗W为G所有，对于B而言W属于他人财物，因此是适格的行为对象。行为人损坏财物，意味着其身体直接作用于物本身，给物的完整性或常规用途造成了严重的损害。[2] B给W造成的伤口损害了W身体的完整性。这一损害并不轻微，需要兽医的治疗。因此B损坏了他人财物。B主观上也具有故意。

b）违法性与罪责

B的行为违法且有责。 **8**

c）结论

依据《德国刑法典》第303条第1款的规定，B构成损坏财物罪。依据《德国刑法典》第303c条的规定，该罪告诉才处理。

2. 伤害罪，《德国刑法典》第223条第1款

B的行为涉嫌触犯《德国刑法典》第223条第1款的规定，对G可能构成伤害罪。 **9**

a）构成要件

要构成伤害罪，B必须依据《德国刑法典》第223条第1款

---

[1] *Küper*, JZ 1993, 435 ff.

[2] *Fischer*, § 303 Rn. 6.

第一种情形的规定，乱待了G的身体，或是依据《德国刑法典》第223条第1款第二种情形的规定，损害了G的健康。G的哮喘病发作带来的呼吸困难给G造成了身体不适，因此B的行为可以肯定构成《德国刑法典》第223条第1款第一种情形的乱待身体。严重的哮喘使得G被送去急诊，这是一种与正常情况相比不利的身体状况，因此G的健康也受到了损害。如果B没有刺伤G的狗W，G的哮喘病也不会发作。因此B的行为是伤害结果的必要条件。

10　　问题在于能否根据结果的客观可归责性进行限缩。依照客观归责理论，只有当行为人创设了一个法所不允许的危险，且这一危险在具体结果中得以实现时，才能将该结果归责于行为人。[①]但客观归责理论的正当性在理论上还有待争论。尽管这一理论在教科书中已经被广为接受，但德国联邦最高法院在判例中尚未采纳这一理论。[②]尤其值得批评的是，创设并在构成要件结果中实现法所不允许的危险这一公式过于模糊从而无法得出严谨的结论。

11　　当一个因果进程极为反常时，应当排除客观归责。问题在于，导致结果出现的被害人的特殊体质是否足以将因果进程评价为是反常。[③]在故意犯罪中，德国联邦最高法院拒绝在客观层面上对归责进行限制，而在主观构成要件中要求，故意的基本内容涵括对因果进程的认识。[④]如果实际发生的因果进程以一种依照

①　*Zieschang*, S.35.

②　参见 Hilgendorf, FS Weber, 2004, S.33 ff.；Wessels/Beulke/Satzger, AT, Rn. 176 ff.，尤其是 Rn. 181 附有进一步的明证。

③　案例组：Wessels/Beulke/Satzger, AT, Rn. 196 附有进一步的明证。

④　*Lackner/Kühl*, Vor § 13 Rn. 14.

日常生活经验无法预见的方式偏离了行为人的主观认识，则应当否定行为人主观上具有故意。

本案中，B基于《德国刑法典》第223条第1款规定的刑事 **12** 可罚性成立与否在结论上与上述这一观点冲突无关。B在主观上肯定没有针对G的伤害故意，因为他对G的病情以及易怒性格都不存在认识，因此不会认为自己的行为可能会导致这样的结果。

b) 结论

B不构成《德国刑法典》第223条第1款规定的伤害罪。

3. 过失伤害罪，《德国刑法典》第229条

B的行为涉嫌触犯《德国刑法典》第229条的规定，可能构 **13** 成过失伤害罪。

a) 行为、结果和因果关系

本案中可以肯定存在伤害的结果，因为G的健康受到损害，身体也因为感到不适而受到乱待。B的行为是这一结果的原因（详见上文）。

b) 客观注意义务之违反与预见可能性

B必须在客观上违反注意义务。如果行为人在客观上能够预 **14** 见和能够避免结果发生时却忽视了日常交往中必要的注意，则该行为人在客观上就违反了注意义务。[①]客观预见可能性应当根据行为人交往圈子中一个谨慎之人在行为人所处的情况下依照日常生活经验所能够预见的情况加以确定。[②]一个谨慎之人能够预见到肆意伤害宠物会引起宠物主人的愤怒或悲伤等心理反应，

---

① 详见 Heinrich, AT II.Rn. 987, 1010 ff.

② *Wessels/Beulke/Satzger*, AT, Rn. 667a.

但除此之外还出现如此严重的伤害结果的可能性是非常低的，因而难以为日常生活经验所涵括。由于缺少对结果的预见可能性，因此B的行为并没有违反注意义务。

c）结论

15　　B不构成《德国刑法典》第229条规定的过失伤害罪。

4. 对第二组行为的结论

依据《德国刑法典》第303条第1款的规定，B构成损坏财物罪。

（三）基本案情的最终结论与竞合

B仅构成《德国刑法典》第303条第1款规定的损坏财物罪。

（四）变体案情（第二组行为）

1. 损坏财物罪，《德国刑法典》第303条第1款

16　　B构成《德国刑法典》第303条第1款规定的损坏财物罪（详见上文）。

2. 伤害罪，《德国刑法典》第223条第1款

B的行为还涉嫌触犯《德国刑法典》第223条第1款的规定，可能构成伤害罪。

a）构成要件

aa）客观构成要件

G因为B的行为而在身体上受到了乱待，健康也受到了损害。问题在于，该结果能否在客观上归责于B。即便采纳客观归责理论，因被害人的特殊体质而造成非典型的因果进程的情况能否排除归责也存在争议。在行为人对被害人的特殊体质存在认识，并有意识地利用这种体质而造成被害人的伤害时，（犯

罪既遂的）刑事可罚性也因缺少完整的客观构成要件而被排除，只能对未遂进行处罚——这个结论显然不合理。因此，应当认为被害人的特殊体质并不会导致非典型的因果进程。因此，即便在因果关系之外还要求结果的客观可归责性，伤害罪的客观构成要件也得以符合。

bb）主观构成要件

B知道G患有哮喘病，他也预见到，G会因为自己的狗受 **17** 到虐待而感到愤怒从而引起哮喘病发作。对于这一结果，B予以了认可接受。因此，B在行为时具有故意（《德国刑法典》第15条）。

b）违法性与罪责

B的行为违法且有责。

c）结论

B构成《德国刑法典》第223条第1款规定的伤害罪。

3. 危险伤害罪，《德国刑法典》第224条第1款第2项和第5项

B的行为还可能实现了《德国刑法典》第224条第1款规定 **18** 的加重构成要件。

a）构成要件

aa）客观构成要件

①《德国刑法典》第224条第1款第2项

B的行为可能是使用危险工具伤害他人（《德国刑法典》第224条第1款第2项第二种情形）。就客观属性及具体的使用方式而言，如果一个可移动的物体能够造成严重的身体伤害，那么该物体就可以被认为是危险工具。[①]一根尖锐的手杖，从其客观

---

① *Fischer*, § 224 Rn. 9.

属性就能够造成严重的身体伤害。但有疑问的是，G的身体伤害是否由B使用手杖造成的。虽然事实上G的身体受到了严重的伤害，但这完全不是B使用手杖造成的。手杖和被害人身体之间并不存在空间功能上（räumlich-funktional）的关系。但对于《德国刑法典》第224条第1款第2项的成立而言，使用危险工具从外部对被害人的身体发生作用是必要条件。[①]考虑到《德国刑法典》第224条设置了较重的法定刑，因此应当进行限缩解释。B并没有使用手杖从外部作用于G的身体，因此他并没有使用危险工具伤害他人，不符合《德国刑法典》第224条第1款第2项规定的情形。

②《德国刑法典》第224条第1款第5项

19 　　行为人在具体情况下以危害生命的方式伤害被害人的，符合《德国刑法典》第224条第1款第5项规定的情形。而严重的哮喘病的确会危及生命。

bb）主观构成要件

B认识到，自己的行为会导致G的哮喘病发作并对这一结果予以放任，因此他在行为时具有故意。

b）违法性与罪责

B的行为违法且有责。

c）结论

B构成《德国刑法典》第224条第1款第5项规定的危险伤害罪。

---

① 　BGH NStZ 2006, 572（否认成立"使用"危险工具实施的身体伤害）；参见Schönke/Schröder/Stree/Sternberg-Lieben，§ 224 Rn. 3.；其他观点 MünchKomm-StGB/Hardtung，§ 224 Rn. 22。

（五）变体案情的最终结论与竞合

B构成《德国刑法典》第223条第1款规定的伤害罪、第 **20**
224条第1款第5项规定的危险伤害罪、第303条第1款规定的损
坏财物罪。《德国刑法典》第224条与第223条之间构成特别条
款与一般条款的关系，适用特别条款，损坏财物罪与危险伤害
罪成立《德国刑法典》第52条规定的犯罪单数（想象竞合，从
一重处罚）。

四、案例评价

本案偏难，考查的是学生在第一学期所学到的知识。学生
应当在分析中体现出对于违法阻却事由（本案中的正当防卫）、
损坏财物罪、客观归责理论以及伤害罪的基本知识的掌握。

本案中第一组行为的考查重点在于可能的违法阻却事由即
正当防卫。由于分析上并不存在特殊的困难，考查的关键在于
能否简洁而清晰地对各个条件进行检验。而在第二组行为中，
除了检验是否成立伤害罪之外，还要检验虐狗行为是否构成
《德国刑法典》第303条规定的损坏财物罪。本案中考查B是否
构成伤害罪的难点在于，由于G的突发哮喘可能属于非典型的
因果进程而无法归责于B。因为B并不具有伤害G的故意，所以
应当考虑的只是过失伤害罪。在此必须考查的是，虐狗而导致
G的哮喘病发作这一结果是否具有客观的预见可能性。

在变体案情中则可以肯定G哮喘病的发作可以归责于行为
人B，因为B在主观上具有相应的故意，而行为人有意识的伤害
计划并不会导致非典型的因果进程。

司法实践中的重要判例：关于行为人是否必须通过危险工具从外部作用于被害人身体的问题（《德国刑法典》第224条第1款第2项第二种情形）：BGH NStZ 2006，572.

其他延伸阅读：*Eckstein，Ken*，Das gefährliche Werkzeug als Mittel zum Zweck der Körperverletzung，NStZ 2008，125；*Erb，Volker*，Aus der Rechtsprechung des BGH zur Notwehr seit 1999，NStZ 2004，369；*Schumann*，Kay H.，Von der sogenannten „objektiven Zurechnung" im Strafrecht，Jura 2008，408.

案例7：自动射击装置

关键词：故意杀人罪；伤害罪；未遂；过失；同意；正当防卫；紧急避险；容许构成要件错误

难　度：偏难

一、案情

上了年纪的A在偏僻的山上有一处农庄，离农庄最近的房子也要走上好几个小时。因为近期农庄的周边发生过好几起入室盗窃案，A就在自己的农庄中安装了自动射击装置。为避免装置会杀死擅入者，A在农庄的四周挂上了警示牌："私人领地禁止擅入！小心自动射击装置！"

几天之后，A的侄子N没有打招呼就来农庄探望A。N是自己走路过来的。N按了门铃之后，A并没有打开院子的大门。于是N认为自己的叔叔可能不在家，而A则认为可能擅入者正在靠近自己的房子。N因为长途跋涉非常累，不想在晚上折返回家，而且正下着暴雨。为了不在寒冷的野外过夜，N翻过院子周围的栅栏朝着院中的房子走去。为安全起见，N又摁响了房门上的门铃。

由于还是没有人回应，N于是穿过院子绕到了房子的后面，然后试图把厨房的窗户推开，以便从窗户进入房间。就在这时，自动射击装置启动并打伤了N的腿。

试问A的刑事可罚性？

二、分析提纲

三、案情分析

（一）故意杀人罪未遂，《德国刑法典》第212条第1款、第22条、第23条第1款

A的行为涉嫌触犯《德国刑法典》第212条第1款、第22 **1**
条、第23条的规定，可能构成故意杀人罪未遂。

1.预先检验

要构成未遂，一方面要求主行为没有既遂，另一方面要求
所涉罪名的未遂可罚。因为N仍然活着，因此杀人行为并没有
既遂。依据《德国刑法典》第23条第1款第一种情形的规定，
重罪（Verbrechen）的未遂一律可罚。依据《德国刑法典》第12
条第1款的规定，重罪是指法定最低刑为1年或1年以上自由刑
的违法行为。而《德国刑法典》第212条规定的故意杀人罪的法
定最低刑为5年自由刑。因此故意杀人罪未遂可罚。

2.行为决意

A必须具有行为决意。行为决意包括实现构成要件的故意 **2**

（《德国刑法典》第15条）以及其他可能存在的主观构成要件要素。[1]A主观上至少具有间接故意并涵括了所有构成要件要素。特别是A必须预见到自动射击装置会造成致人死亡的结果（故意的认知要素），并在内心对这种结果予以放任或认可接受（故意的意欲要素）。[2]

3　　A在安装自动射击装置时有意避免致人死亡的结果，因此可以认为，A并不期待致人死亡的结果发生。本案可以否定A在内心对于死亡结果是予以放任和认可接受的，同样也不能认为A认识到自己安装的自动射击装置与其他因素比如雷雨天气相结合会导致他人死亡。因此A不构成《德国刑法典》第212条第1款、第22条、第23条第1款规定的故意杀人罪未遂。

（二）危险伤害罪，《德国刑法典》第223条第1款、第224条第1款

4　　A的行为涉嫌触犯《德国刑法典》第223条第1款、第224条第1款第2项、第3项和第5项的规定，可能构成危险伤害罪（既遂）。

　　1.构成要件

　　a）客观构成要件

　　aa）《德国刑法典》第223条第1款规定的客观构成要件

　　首先需要讨论A的行为是否符合《德国刑法典》第223条规定的构成要件。《德国刑法典》第223条第1款第一种情形规定的乱待身体，指所有险恶、失当地给他人的身体安宁或身体完整性造成明显损害的行为。[3]N腿部被打伤已经符合了这一前

---

[1]　*Wessels/Beulke/Satzger*, AT, Rn. 598.

[2]　不同的概念界定参见Lackner/Kühl, § 15 Rn. 23-27.

[3]　BGHSt 25, 277, 278.

提。《德国刑法典》第223条第1款第二种情形的损害健康则要求给他人的身体机能造成不利的影响[①]，这同样可以得到肯定。

还需要考虑的是，该结果是否由A的行为造成。刑事可罚性的前提条件之一是存在一个受到意欲控制的、具有社会显著性的行为。[②]在自动射击装置发射之时，A并没有实施任何行为，发射完全是自动的，因此并不能以该自动装置射击的时间点为准。A的行为应当在于安装了自动射击装置[③]，该行为是结果出现的原因。[④]归责方面也不存在问题：A创设了一个危险，且这一危险在伤害结果中得以实现。[⑤]

bb)《德国刑法典》第224条第1款规定的客观构成要件

首先，问题在于，A是否使用了《德国刑法典》第224条第1款第2项第二种情形的"危险工具"。本项规定中的"危险工具"是"武器"的上位概念。自动射击装置虽然是固定的，但仍然具有射击类武器所具备的功能，因此可以被认为是"工具"。如果该工具就其客观属性及具体使用方式而言，能够造成严重的身体伤害，那么该工具就是危险的。[⑥]因此可以认定自动射击装置是一种危险工具。

其次，A的行为还可能符合《德国刑法典》第224条第1款第3项规定的情形，被认为是阴险的突然袭击。要符合这一条规

5

6

---

① 对此详见Lackner/Kühl, §223 Rn. 5。

② 对各种行为理论的全面介绍参见Baumann/Weber/Mitsch, AT, §13 Rn. 22 ff.; Roxin, AT I, §8。

③ 关于自动防卫参见OLG Braunschweig MDR 1947, 205；更为详细的介绍参见Kunz, GA 1984, 539。

④ 关于因果关系问题更为详细的讨论参见Haft, AT, C VI 2。

⑤ 关于现代的客观归责理论参见Heinrich, AT I, Rn. 239 ff.; Zieschang, S.34 ff. 判例采取的则是故意与过失的解决路径，具体例子参见Jescheck/Weigend, AT §28 III.1。

⑥ *Lackner/Kühl*, §224 Rn. 5; *Rengier*, BT II, §14 Rn. 27。

定，A在通过自动射击装置伤害他人的行为过程中必须有意识地利用对方受到的惊吓，并且掩饰自己的伤害意图。但A在设置自动射击装置的同时，在自己院子四周悬挂了警示牌，因此可以认为A在实施行为时并没有掩饰自己的伤害意图。

7　　最后，《德国刑法典》第224条第1款第5项规定的以危害生命的方式伤害他人在本案中也未得以实现，因为A在安装自动射击装置时有意识地避免了可能带来的危及生命的危险。因此在结论上只能认定A的行为符合《德国刑法典》第224条第1款第2项第二种情形的客观构成要件。

b) 主观构成要件

8　　A在行为时必须具有故意，即实现客观构成要件要素的认知和意欲。A至少在主观上对使用危险工具伤害他人予以认可接受，因此对于《德国刑法典》第223条第1款第一种情形、第二种情形以及第224条第1款第2项，A主观上具有故意，构成要件因此得以符合。

2. 违法性

9　　进一步的问题在于，A的行为是否违法。如果存在对A有利的违法阻却事由，那么他的行为就不违法。

a) 正当防卫

首先考虑的违法阻却事由是《德国刑法典》第32条规定的正当防卫。若要成立正当防卫，在自动射击装置发动时必须存在防卫情势，即A的法益受到了现时、违法的攻击。[1]所谓攻击，是指通过人的行为对法律所保护的法益造成直接的威胁。[2]

---

① 　关于正当防卫的大致构造参见 Haft, AT, D III 4d。

② 　参见 Schönke/Schröder/Perron, § 32 Rn. 3。

当N踏入A所有的院子，推开厨房的窗户以便进入房间时，他就对A的所有权和房屋权（Hausrecht）①造成了直接威胁，因此构成现时的攻击。

问题在于，N的这个攻击是否违法。

在肯定N的攻击存在时，必须进一步考查，N的行为本身是否违法。因为只有在N的攻击违法时，A的行为才能依据正当防卫排除违法性。

aa）A的同意

如果存在A有效的同意（Einwilligung）或合意（Einverständnis），就可以认为N的攻击不违法。从具体的案情事实来看，并不能认为A对N的行为作出了（可能概括性的）同意或者合意。②N的行为还可以依照推定同意原则排除违法性。这一独立的违法阻却事由通常存在于两种情况下③：为法益持有人的利益而为的行为，但在行为前无法询问他是否同意④；或者法益持有人缺乏值得保护的存续利益（schutzwürdiges Erhaltungsinteresse），在行为时没有必要询问其是否同意。⑤

本案涉及的是第一种情况，即行为是为了法益持有人的利益但没有征得其同意的机会。可以这样认为，A没有任何反对N进入他的农庄并翻窗进入房间的理由，因为N是A的侄子。但这并不是当然结论，本案的案情并没有交代A与N之间的叔侄

---

① 关于房屋权本身构成独立的、可以进行防卫的法益参见BGH StV 1982, 219.
② 关于区分排除构成要件的合意与阻却违法的同意参见Rönnau, JuS 2007, 18ff.; Wessels/Beulke/Satzger, AT, Rn. 360 ff.
③ *Heinrich*, AT I, Rn. 474, 477 f.
④ 例如一个在手术前已经失去意识的事故受害人。
⑤ 例如将因成熟而掉落在地上的别人的苹果捡起来。

关系到底如何。而且还需要考虑，N原本能够及时地告知A自己会去探望他。如果N及时告知了A，那么他就有机会征得A的同意。如果认为这里可以适用推定的同意，那么A对自己法益的处分权就会受到不合理的限制。

bb) 攻击性紧急避险

12　　N想要进入A的农庄，是因为他以为自己的叔叔不在家，而且他也不想在荒郊野外过夜，这就满足了《德国民法典》第904条规定的攻击性紧急避险（Aggressivnotstand）的要件。[①] 依据该条的规定，若要成立攻击性紧急避险，避险行为人的法益必须受到了威胁，且干涉他人之物对防止法益受到损害而言是必要的，而该他人之物并非导致这一危险的原因。

《德国民法典》第228条规定的防御性紧急避险的情况则不同。在防御性紧急避险的情况下，避险行为人所干涉的他人之物正是造成法益危险之物。

13　　除此之外，在攻击性紧急避险的情况下，避险行为人所面临的法益威胁应当明显大于他通过避险行为给他人之物造成的损害。本案中，暴雨和夜晚的寒冷等恶劣天气可能会给N的健康带来损害。与之相对，A的所有权以及房屋权受到了损害。从一个客观观察者的角度来看，N可能受到的健康损害明显大于A的所有权和房屋权所受到的损害。当时没有别的地方可以让N过夜。N之所以这么做的确是为了避免自己的健康受到损害，主观违法阻却要素得以具备。因此《德国民法典》第904条规定的攻击性紧急避险的要件已经具备。这样一来，N进入A

---

① 　关于紧急避险案件的结构参见 Heinrich, AT, Rn. 404。

的农庄的行为就不违法。[①]

因此A的法益并没有受到违法的攻击，在N进入农庄之时并不存在防卫情势。A对N的伤害行为并不能依据正当防卫排除违法性。

b）阻却违法的紧急避险

上文已经确定，N的攻击行为并不违法。因此必须给A的 伤害行为寻找其他的违法阻却事由。

还可以考虑的违法阻却事由是《德国刑法典》第34条规定的阻却违法的紧急避险（rechtfertigender Notstand）。成立阻却违法的紧急避险首先要求A的法益受到了现时的危险，且要排除这一危险除了射击他人之外别无他法。[②]在具体情况下，如果事件任其自然地发展下去很有可能导致损害结果的出现，那么就可以认为此时存在"危险"[③]。本案中肯定危险存在的根据有二：其一，N进入院子的行为会对A的所有权和房屋权造成侵害；其二，A所处的环境始终面临入室盗窃的危险。在《德国刑法典》第34条规定的阻却违法的紧急避险范围内，这种持续性的危险也可以被认为是现时的。[④]因此可以肯定存在避险情势。安装自动射击装置就是防止这种危险的手段，基本不存在能与自动射击装置达到同样防止危险效果的其他手段。而且本案中也存在《德国刑法典》第34条意义上的避险行为。

---

① 需要注意的是，在检验了《德国民法典》第904条是否成立之后，再回过头去检验《德国刑法典》第34条既不必要也不应当。

② 关于阻却违法的紧急避险的构造参见Haft, AT, D III 5a。

③ Schönke/Schröder/*Perron*, § 34, Rn. 12.

④ BGH NJW 1979, 2053.其他明证参见Schönke/Schröder/Perron, § 34, Rn. 17.

15　　避险行为所保护的利益必须大于其所损害的利益。进行对比的是A受到威胁的法益，自然是其所有权，与N的身体完整性。从N身体所受伤害的程度来看，很难认为A的所有权比它"重要得多"。即便在N的行为本身可能带来的危险之外，再加上第三人入室盗窃的可能性，也不能认为A的所有权是更为重要的。因此A对N的射击是违法的，《德国刑法典》第34条不予适用。

3. 罪责

16　　A安装自动射击装置只是为了防止入室盗窃，因此他认为自己的行为合法，A可能缺乏罪责。本案的情况是A没有预计到的。因此A主观上可能陷入容许构成要件错误（Erlaubnistatbestandsirrtum）。当行为人错误地认为一个据以肯定为法秩序所认可的违法阻却事由的各种事实前提已经具备，且他的行为符合该违法阻却事由的法律要求时，就存在容许构成要件错误。[①]本案中，A所考虑的是典型的遭到入室盗窃的情况。如果入室盗窃者在看到A所设置的警示牌之后仍然力图闯入A的房屋，随后被自动射击装置击中，那么自动射击装置所导致的身体伤害就可以依据《德国刑法典》第32条规定的正当防卫排除违法性。这也正是A安装自动射击装置时所设想的情况。因此A存在容许构成要件错误。

17　　法律上对于如何处理容许构成要件错误是存在争议的。严格罪责说（die strenge Schuldtheorie）认为，应当适用《德国刑法典》第17条关于禁止错误（Verbotsirrtum）的规定。[②]因

---

① *Heinrich*, AT II, Rn. 1123.

② *Welzel*, S.168 ff.; *Zieschang*, S.96.

为如果 A 恪守良知，他在安装自动射击装置时原本可以考虑到该装置也可能伤害到第三人。因此这种禁止错误是可以避免的，A 也就可以依据《德国刑法典》第 224 条第 1 款第 2 项第二种情形、第 17 条第 2 句、第 49 条第 1 款的规定减轻处罚。这种方案的依据在于，A 虽然具有错误，但对所有的客观行为情状存在认识，因而还是故意行为。然而，只是因为错误可以避免就按照故意犯罪对行为人进行处罚是极不合理的。[①] 此外，按照严格罪责说，在禁止错误不可避免时，也就是行为人尽到了所有被要求的谨慎注意时，排除的也只是罪责，而不是违法性。但按照现在的普遍观点，一个客观上符合注意义务的行为并不违法。[②]

消极的构成要件要素说（die Lehre von den negativen Tatbestandsmerkmalen）则主张在这种情况下（直接）适用《德国刑法典》第 16 条的规定。这一理论认为，违法阻却事由属于"整体不法构成要件"的一部分，因此违法阻却事由成立的前提条件就被认为是"消极的构成要件要素"。因此故意不仅包括了（积极的）构成要件的存在，还包括了"违法阻却前提"的缺失。[③]如果采纳这一观点，那么容许构成要件错误就可以排除故意。《德国刑法典》第 223 条、第 224 条规定的构成要件也因此得以排除。乍看之下这一理论的结论似乎是值得赞同的。但由于共犯的从属性，消极的构成要件要素说会导致在恶意的教唆或帮

18

---

① 更详细的参见 Jescheck/Weigend, AT § 41 IV 1 b 附有进一步的明证。

② 直接排除构成要件参见 Schönke/Schröder/Sternberg-Lieben/Schuster, § 15 Rn. 116。

③ 这一理论的基础参见 Arth Kaufmann, JZ 1954, 653; JZ 1956, 353, 393. 进一步的明证 Jescheck/Weigend, AT § 41 IV 1 a。

助的情况下存在严重的处罚漏洞[①]，因此不能直接将《德国刑法典》第16条的规定适用到容许构成要件错误中。[②]

19　　依照目前主流的限制罪责说（die eingeschränkte Schuldtheorie），在容许构成要件错误的情况下可以类推适用《德国刑法典》第16条的规定。和消极的构成要件要素说一样，这一理论充分注意到了行为人在实施行为时是忠诚于法的，只是因为不注意而实施了错误行为的事实。存在分歧的是，在类推适用《德国刑法典》第16条第1款第1句时，究竟是彻底排除了故意的不法[③]，还是说故意的不法仍然存在，只是在法律后果上对于存在认识错误的行为人应当按照过失行为人来处理。[④]在这种情况下，被排除的仅仅是针对故意的罪责非难（Vorsatzschuldvorwurf）。从避免前述共犯的处罚漏洞的角度来看，后一种观点是值得赞同的。如果采取本书所主张的故意具有双重地位的观点，在发生容许构成要件错误的情况下，类推适用《德国刑法典》第16条的规定排除的是罪责故意，而构成要件故意仍然存在。[⑤]因此在结论上这意味着，A在行为时缺少必要的罪责故意。

4. 结论

A不构成《德国刑法典》第223条、第224条规定的危险伤害罪。

---

① 随着故意的排除，主观构成要件便无法满足，因此缺少一个符合构成要件的、违法的主行为，而这正是《德国刑法典》第26条规定的教唆犯和第27条规定的帮助犯可罚的前提条件。

② 对消极的构成要件要素说的深入研究参见Roxin, AT I, § 10 Rn. 13 ff.

③ 德国联邦最高法院在判例中即采取这一立场。参见BGHSt 3, 105; 31, 264, 286 f.；进一步的明证参见Fischer, § 16 Rn. 22。

④ 例如Fischer, § 16 Rn. 22; Wessels/Beulke/Satzger, AT, Rn. 478 f.

⑤ Haft, AT, J IV 3 e. 这是双重故意说具有实践意义的少数案件之一。

（三）过失伤害罪，《德国刑法典》第229条

接下来还可以考虑A的行为可能构成《德国刑法典》第229 **20**
条规定的过失伤害罪。

1. 构成要件

要构成过失伤害罪，A必须违反了日常交往中必要的注意
义务。[①] A在设置自动射击装置时，并没有考虑到闯入他屋子的
不仅有入侵者，还有其他误入的散步者，或是其他不请自来的
到访者，比如他的侄子。这可被认为在客观上违反了注意义务。
但是A所设置的自动射击装置，并不是在入侵者进入院子时，
而是在其力图闯入房屋时才发动。而且A在院子周围还安上了
栅栏，并在上面挂上了醒目的警示牌。这样看来，A为了保护
无辜者，已经采取了必要的符合谨慎注意的措施。除了彻底放
弃安装自动射击装置之外，A已经没有什么可以做的了。考虑
到他的年龄、生活状况以及房屋的偏僻位置，并不能期待A在
不采取任何防护措施的情况下容忍持续的入室盗窃威胁。

A在听到门铃声之后并没有去确认到访者的身份可以被认 **21**
为是违反注意义务。但是，A并不需要预计到会有普通的到访
者进入院子，房屋的所有人也没有义务对每个敲门的人进行回
应。因此在结论上应当否定A违反了注意义务。

本案也可主张其他结论。但是必须要注意《德国刑法典》
第230条第1款第1句关于告诉才处理的规定。在考试中只要提
及这一要求即可。

---

① 对过失行为内容的详细界定参见 Roxin, AT I, §24 Rn. 8 ff., 14 ff.

2. 结论

A 不构成《德国刑法典》第229条规定的过失伤害罪。

（四）最终结论

A 无罪。

四、案例评价

本案对于新生而言具有一定的难度，主要的问题在于违法性和罪责层面。检验应当从故意杀人罪未遂开始，但缺少必要的行为决意可以排除 A 构成故意杀人罪未遂。

就《德国刑法典》第223条、第224条规定的违法性而言，需要判断的是，N 进入 A 的院子并推开窗子的行为是否构成了防卫情势。其中需要考查，N 的闯入是否可以通过 A 的同意，或是根据《德国民法典》第904条攻击性紧急避险的规定排除违法性。在夜晚的暴雨天气中，N 的身体健康受到了严重的威胁，因此可以认为 N 的闯入行为不违法。同理也可以排除适用《德国刑法典》第34条规定的阻却违法的紧急避险。

在罪责层面尤其需要考虑的是发生容许构成要件错误的情况。因为 A 认为自己的房屋已经遭遇了正在进行的入室盗窃，他借此可以排除自己行为的违法性。分析时应该就容许构成要件错误的相关法律观点进行介绍，并对自己的结论进行相应的论证。如果采取通说的观点，类推适用《德国刑法典》第16条的规定排除了罪责故意，则还需要进一步检验 A 的行为是否构成《德国刑法典》第229条规定的过失伤害罪。由于 A 已经设置了警示牌，从而尽到了必要的注意义务，因而A不构成过失伤害罪。

司法实践中的重要判例：关于容许构成要件错误：BGHSt 3，105；31，264；45，378；持续性危险中的避险情势：BGH NJW 1979，2053.

案例8：餐馆闹事

关键词：故意杀人罪；伤害罪；正当防卫；防卫过当

难　度：偏难

一、案情

从数月前开始，恐怖分子T及其同党对S市内的多家餐馆以及舞厅进行了袭击。一天晚上他决定袭击G的餐馆。在此之前，G收到了匿名电话的提醒。于是G派5个人守在餐馆的入口处。但是暴徒还是打算强行冲入餐馆，于是G从内部反锁了餐馆大门。

然而T将门撞坏并独自进入餐馆查看里面的情况。按照计划，其他暴徒会在T一声令下之后冲入餐馆殴打客人。

但G早早地等在了那里并要求T立即离开。在看到T完全没有打算离开的意思之后，G掏出了手枪朝他射击。因为情绪激动，G无法瞄准。T胸口中弹受伤严重。而G也是在接到匿名电话之后才买了这把手枪。

试问G的刑事可罚性？

二、分析提纲

三、案情分析

（一）故意杀人罪未遂，《德国刑法典》第212条、第22条、第23条第1款

1　　　G开枪打中T的胸口，涉嫌触犯《德国刑法典》第212条、第22条、第23条第1款的规定，可能构成故意杀人罪未遂。

　　1. 未遂的刑事可罚性

　　首先杀人未遂必须是可罚的。依据《德国刑法典》第23条第1款第一种情形的规定，重罪（Verbrechen）的未遂一律可罚。依据《德国刑法典》第12条第1款的规定，重罪是指法定最低刑为1年或1年以上自由刑的违法行为。而《德国刑法典》第212条第1款规定的故意杀人罪的法定最低刑为5年自由刑，属于重罪。因此，故意杀人罪未遂可罚。

　　2. 没有既遂

2　　　未遂成立的条件之一是所涉犯罪没有既遂（Nichtvollendung）。由于T还活着，因此《德国刑法典》第212条第1款规定的构成要件结果并没有出现。因此故意杀人罪没有既遂。

3.行为决意

G在行为时必须具有行为决意。行为决意包括对所有客观构成要件要素的故意（《德国刑法典》第15条）以及其他可能存在的主观构成要件要素（例如《德国刑法典》第211条谋杀罪中规定的贪婪以及杀人嗜好，第242条第1款、第263条第1款中规定的特殊"目的"）。[①] 就《德国刑法典》第212条规定的故意杀人罪而言，G主观上必须具有杀人故意，特别的主观要素则并不相关。但G并不打算杀死T。由于案情事实缺少详细的介绍，也不能认为G对于可能发生的死亡结果在主观上予以认可接受。因此，可以认为G主观上并不具有杀人故意，相应地也不具有《德国刑法典》第212条、第22条、第23条第1款意义上的行为决意。

4.结论

G不构成《德国刑法典》第212条、第22条、第23条第1款规定的故意杀人罪未遂。

（二）危险伤害罪，《德国刑法典》第223条第1款、第224条第1款第2项和第5项

G开枪打中T的胸口，涉嫌触犯《德国刑法典》第223条第1款、第224条第1款第2项和第5项的规定，可能构成危险伤害罪。

1.构成要件

G的行为必须符合《德国刑法典》第223条第1款、第224

---

① *Wessels/Beulke/Satzger*, AT, Rn. 598；*Zieschang*, S.129.

条第1款第2项和第5项的客观构成要件。

　　a) 基本构成要件的客观构成要件,《德国刑法典》第223条第1款

5　　G的行为必须符合基本构成要件（Grunddelikt），即《德国刑法典》第223条第1款规定的伤害罪的客观构成要件。G必须依据《德国刑法典》第223条第1款第一种情形的规定乱待他人身体，或是依据同款第二种情形的规定，损害他人健康。乱待身体，是指所有险恶、失当地给他人的身体安宁或身体完整性造成明显损害的行为。[①] G开枪打中了T的胸口并导致T受了重伤。从这种乱待方式给T带来的痛苦看，可以认为G极大地损害了T的身体安宁。损害健康是指引起或加剧他人偏离于身体正常状态的病理状态，即使这种状态只是短暂的。[②] T的胸口中弹受伤，可以认为他处于病理状态。因此G通过射击造成T重伤的行为实现了《德国刑法典》第223条第1款第一种情形与第二种情形规定的客观构成要件。

　　b) 加重构成要件的客观构成要件,《德国刑法典》第224条第1款第2项和第5项

　　aa) 武器,《德国刑法典》第224条第1款第2项第一种情形

6　　本案可以考虑《德国刑法典》第224条第1款第2项第一种情形作为《德国刑法典》第223条第1款伤害罪的加重构成要件（Qualifikation）。《德国刑法典》第224条第1款第2项第二种情形规定了作为上位概念的危险工具，而武器作为典型的危险工具被规定为第一种情形。《德国刑法典》第224条第1款第2项

---

① *Fischer*, § 223, Rn. 4.

② *Fischer*, § 223, Rn. 8.

第一种情形规定的武器是技术意义上的武器。按照通常的定义，武器是指可使用的、根据其制作方式不仅能够而且一般是被用来伤害他人的物体。[1]G的手枪在行为时是可使用的。而且手枪的一般用途就是伤人或杀人。因此G所使用的正是《德国刑法典》第224条第1款第2项第一种情形意义上的"武器"。

bb）以危害生命的方式伤害他人，《德国刑法典》第224条第1款第5项

如果在案件的具体情况下，伤害行为客观上足以给他人的生命造成威胁，就可以认为该伤害行为是以危害生命的方式实施的。所受的伤害本身并不需要在事实上危及生命。[2]抽象地看，开枪射击打中他人胸口这一行为可轻易地危害他人生命。这种攻击行为可能会给被害人的内脏器官造成损害，进而引起严重的生命危险。因此，G开枪打中T胸口的行为也符合《德国刑法典》第224条第1款第5项规定的构成要件。

c）主观构成要件，《德国刑法典》第223条第1款、第224条第1款第2项和第5项

依据《德国刑法典》第15条的规定，G在行为时还必须对客观构成要件要素具有故意。故意是指对所有客观行为情状存在认识，实现构成要件的意欲。[3]因此构成要件故意包括认知和意欲两方面要素。G在主观上必须对《德国刑法典》第223条和第224条规定的客观构成要件具有故意。就《德国刑法典》第223条的基本构成要件而言，G为了阻止T毁坏自己的餐馆而在

---

[1] *Wessels/Hettinger*, BT I, Rn. 273.

[2] *Wessels/Hettinger*, BT I, Rn. 282.

[3] *Wessels/Beulke/Satzger*, AT, Rn. 203.

带有认知和意欲的情况下朝T开了枪。而就《德国刑法典》第224条第1款第2项的加重构成要件而言，G主观上也具有故意：他知道自己对T开了枪，而且他也意欲这么做。对于《德国刑法典》第224条第1款第5项规定的以危害生命的方式伤害他人而言，只要行为人认识到其行为对被害人生命具有危险性的客观情况，就可以认为他主观上对使用危害他人生命的方式伤害他人具有故意。[1]由于案情中缺少对G主观认识状况的说明，可依照日常生活经验，认为G在当时正确地预估了开枪射击对手所具有的危险性。因此G带有认知和意欲地实施了这一行为，可以认定G具有《德国刑法典》第15条意义上的故意。

2. 违法性

9   G的行为还必须违法。如果存在违法阻却事由，G的行为便不违法。本案中可以考虑的违法阻却事由是《德国刑法典》第32条规定的正当防卫。

a）防卫情势

当受到现时、违法的攻击时，就存在防卫情势。[2]

aa）攻击

攻击是指通过人的行为对法律所保护的法益造成直接的威胁。[3] T无视G的警告，撞坏了餐馆大门并闯入餐馆，这些行为已经对G的房屋权以及门的所有权造成了损害。而且从T的行为方式来看，G对餐馆内各种设施的所有权，G本人、餐馆雇员以及客人的身体完整性都将会受到损害。因此可以肯定这里存

---

[1] BGHSt 19, 352; *Fischer*, § 224 Rn. 13.
[2] *Wessels/Beulke/Satzger*, AT, Rn. 325; *Zieschang*, S.57.
[3] *Wessels/Beulke/Satzger*, AT, Rn. 325.

在对法益的威胁。

bb）现时性

攻击必须具有现时性，即将发生、已经开始或是仍在持续 **10**
的攻击都属于现时的攻击。[①]需要针对上述各种受到威胁的法益
的攻击分别讨论是否是现时的。门已经被撞坏，因此G对门的
所有权所受到的攻击已经结束了。T一直在G的餐馆内，因此对
G的房屋权的攻击仍在持续。而其对餐馆内各种设施的所有权，
G本人、餐馆雇员以及客人的身体完整性的攻击即将发生。因
为对这些法益的攻击或是已经开始或是即将发生，所以现时性
的要求得到满足。

cc）违法性

T的攻击还必须是违法的。如果存在违法阻却事由，T的攻 **11**
击就不是违法的。T没有听从G善意的警告离开餐馆，因此他不
能主张任何违法阻却事由来排除他撞坏餐馆大门和在餐馆内逗
留行为的违法性。因此对于G而言，存在防卫情势。

b）防卫行为

防卫行为必须针对攻击者实施，且在客观上必须是必要的，在 **12**
规范上是需要的。[②]

aa）正确的攻击者

对法益的威胁是由T造成的，而G的防卫也正是针对他而
实施的。

bb）适当且必要

G的行为必须是适当且必要的。如果通过这一行为能够阻

---

① *Wessels/Beulke/Satzger*, AT, Rn. 328.

② *Wessels/Beulke/Satzger*, AT, Rn. 333.

止攻击，那么 G 的行为便是适于进行防卫的。如果该行为是所有防卫手段中最为温和的，那么该行为就是必要的。[①]

①适当性

所谓手段适当，指的是所采取的手段原则上能够彻底终止攻击或者至少攻击者造成一定程度的阻碍。[②]从案情事实来看，G 所采取的防卫手段的确能够结束 T 对法益所造成的威胁：T 受了重伤无力再实施任何攻击。因此 G 采取的手段是适当的。

②最温和的手段（必要性）

13 问题在于，在本案的具体情况下 G 所采取的防卫手段是否是所有手段中最温和的。防卫权的思想基础是法确证原则（Rechtsbewährung），因此防卫者并没有义务为了保护攻击者而选择逃避。防卫者只需要在具有同样防卫效果的手段中选择损害最小的手段即可。但是防卫效果的不确定性并不会给防卫者造成不利影响：攻击行为首先是由攻击者挑起的，因此防卫者不必选择效果不确定的反制手段。防卫者使用射击类武器的特殊规则为，防卫者通常必须先发出开枪射击的警告，随后才能瞄准攻击者进行射击。不过判断的关键要视当时具体的防卫情况而定。[③]

14 本案中，G 在与 T 交谈开始之时无法找到更为温和的、能够使 T 放弃其计划的手段。T 对于 G 之前作出的警告置之不理，并且已经打算开始着手实施攻击，此时去叫警察也为时过晚。然而需要考虑的是，G 是否应当事先就开枪射击发出警告。不能

---

① 许多人将手段的适当性视为必要性的下位标准，这自然是允许的。参见 Wessels/Beulke/Satzger, AT, Rn. 335。

② *Wessels/Beulke/Satzger*, AT, Rn. 335.

③ *BGH* NStZ 2001, 530.

排除G向T出示手枪就能让T放弃攻击的可能性。如果警告不起作用，则可以鸣枪作出警告，或是朝T的腿部开枪以解决冲突。虽然要注意到，G当时十分激动，就他所处的情况而言，他必须迅速地作出决定，而不会采取效果不确定的防卫手段。但考虑到枪支等射击类武器极其危险并具有很高的震慑力，所以还是应该要求防卫者先选择一个对攻击者而言不那么激烈的手段。因此G首先应当对T作出开枪的警示。本案中不能肯定G所采取的防卫手段具有必要性。

不过还可以提出其他论证：

——防卫者不应承受自己所采取的防卫手段可能无效的风险。因此，对于受到攻击而惊慌失措的防卫者来说，不能总是要求他必须对所采取的手段的危险性作出复杂的权衡，并选择一个可行且更温和的手段，这是不切实际的。当时G十分惊慌，他既不能作出这种权衡考虑，也不可能实施这种考量的结果：他一直在颤抖，以至于完全无法瞄准，因此朝着T的腿部开枪在当时是不可能的。

——也可以考虑的是，G并不想打中T的胸口使其重伤：G无法瞄准目标，因此射中胸口完全属于意外。

——因此也有充分的理由认为本案中可以依据正当防卫排除G行为的违法性。

c) 中间结论

G不能依据《德国刑法典》第32条规定的正当防卫排除行为的违法性。因此G的行为违法。

3. 罪责

15   G的行为还必须有责。通说认为，《德国刑法典》第33条（防卫过当）规定了一个罪责阻却事由，如果存在《德国刑法典》第33条意义上的罪责阻却事由，则G便不是有责地实施了行为。

《德国刑法典》第33条规定的防卫过当①包括四种情形：

—— 如果防卫者在防卫过程中采取了比"必要"更为激烈的手段［所谓强度型防卫过当（intensiver Notwehrexzess）］，则他的行为是违法的。但如果他出于慌乱、恐惧、惊吓（出于虚弱性冲动）而有意或无意地逾越了正当防卫的界限，就可以依据《德国刑法典》第33条的规定排除罪责。

—— 如果攻击缺乏现时性，而决定实施防卫的人有意地对此不予理会［所谓延展型防卫过当（extensiver Notwehrexzess）］，能否适用《德国刑法典》第33条是存在争议的。

—— 如果防卫者错误地认为攻击正在进行，其行为则构成假想防卫（Putativnotwehr），这一问题通常应当按照认识错误的一般规则处理（容许构成要件错误）。

—— 如果事实上完全不存在防卫情势，而且防卫者也超过了正当防卫的界限，则构成假想型防卫过当（Putativnotwehrexzess）。这种情况也没有适用《德国刑法典》第33条的余地，同样应当按照认识错误的一般规则处理。

16   本案中，G可以依据强度型防卫过当排除罪责。在防卫情势中，G采取了一个过于激烈的防卫手段，因此他的行为由于

---

① *Wessels/Beulke/Satzger*, AT, Rn. 446 ff.; *Zieschang*, S.98 ff.

欠缺必要性而无法依据正当防卫排除违法性。若要适用《德国刑法典》第33条规定的罪责阻却事由，则G所采取的防卫手段必须是出于虚弱性冲动而超出必要的界限。从具体案情来看，G在行为时情绪十分激动以至于无法瞄准。这种精神上的过度紧张是T的敌意所致，因而应当被归于出于虚弱性冲动，而非出于攻击性冲动。如果防卫情势是防卫者的挑衅引起的，则不能适用罪责阻却事由。挑衅者自始至终不具有防卫权，因此也就不存在所谓的防卫过当。①本案中可以被视为挑衅的行为是G禁止T进入酒馆，并要求他离开。但G作为房屋权的权利人，他有权这么做，而且他是为了避免更大的损害。G并不想激怒T以便借防卫的名义伤害T。因此本案的情况满足《德国刑法典》第33条规定的强度型防卫过当的前提条件，可以排除G的罪责，因而不能依据《德国刑法典》第223条第1款第一种情形和第二种情形、第224条第1款第2项第一种情形和第5项的规定对G进行处罚。

（三）最终结论

G无罪。

四、案例评价

本案偏难，主要考查伤害罪及其加重构成要件。但在一开始还应简要地探讨行为人的行为是否成立故意杀人罪未遂的问题，当然由于缺少必要的行为决意而排除构成故意杀人罪未遂。

---

① *BGH* NJW 1993, 1869.

本案重点在于考查正当防卫。主要问题在于 G 在开枪前没有进行警告，其使用射击类武器是否为最温和的防卫手段。如果否定了防卫手段的必要性，就必须进一步在罪责层面讨论《德国刑法典》第 33 条规定的防卫过当。要想完成一份优秀的案例分析，就必须对《德国刑法典》第 224 条规定的加重构成要件进行清晰而彻底的检验。

司法实践中的重要判例：对向警察寻求可能的帮助不予理会，不构成阻却罪责的防卫过当：BGH NJW 1993，1869=BGHSt 39，133.

其他延伸阅读： *Geppert*，*Klaus*，Notwehr und Irrtum，Jura 2007，33；*Müller-Christmann*，Bernd，Der Notwehrexzeß，JuS 1989，717；Müller-Christmann，Bernd，Überschreiten der Notwehr（BGHSt 39，133），JuS 1994，649.

案例9：脆弱的心脏

关键词：故意杀人罪；过失杀人罪；损坏财物罪；伤害罪；行为；客观归责

难　度：偏难

一、案情

A开着敞篷车沿着湖边行驶，忽然一只蚊子飞进了他的眼睛，他随即用手驱赶蚊子，松开方向盘导致撞上了迎面驶来的B的汽车。B因此而死亡。

然而，随后的验尸报告显示，B并不是死于车祸撞击，而是死于受迎面而来汽车的惊吓而导致的心力衰竭。B患有严重的心脏病并且定期服用一种特定的药物，然而在事发当天早上他忘记了服药。因此B驾车时已经在忍受心脏剧痛。根据鉴定人提供的信息，如果B在事发当天早上服药，其在车祸时心力衰竭的情形是可以避免的。

试问A的刑事可罚性？

变体案情：B想在事发当天早上服药，但是C把药藏起来了，所以他未能服药。C明知B对该药物的依赖性，但是认可接受其隐藏行为可能导致的所有后果。

试问C的刑事可罚性？

二、分析提纲

三、案情分析

（一）基本案情

1. 过失杀人罪，《德国刑法典》第222条

A松开方向盘，涉嫌触犯《德国刑法典》第222条的规定，　**1**
可能构成过失杀人罪。

a) 构成要件

aa) 行为属性

构成要件的结果，即B的死亡，是A的行为所造成的。而首
要问题在于，A驱赶蚊子的动作是否符合刑法意义上的行为？一
个刑法意义上的行为意指一个受意欲支配控制、有针对性的人类

行为。^①相反，当涉及纯粹的、不带有意欲支配的反射反应或者惊恐反应时，则缺乏行为属性（Handlungsqualität）。^②这类反射动作或者惊恐动作的特征在于，生理刺激从感官中枢传导至运动中枢并没有意思的参与。这里要与所谓的本能反应相区别，后者以行为人已存在的行为意愿（Handlungsbereitschaft）、冲动行为（Affekthandlung）或者非理性行为（Kurzschlusshandlung）为依据。^③

2   案情中，A驱赶蚊子的动作是可控制的。与纯粹的反射动作不同，A仍可以思考以及选择以哪种方法将蚊子从眼中去除。因此存在一个刑法意义上的行为。

bb）结果和因果关系

3   构成要件的结果已然出现，即B的死亡。然而问题在于，A的行为是不是导致B死亡的原因。B并不是死于撞击，而是之前就死于心力衰竭。根据条件公式，设想一个行为若不存在，则某个具体形态的结果就不会发生，那么行为与结果之间便存在因果关系。^④B受到正面飞驰而来的A驾驶的汽车的惊吓导致心力衰竭。设想A的行为若不存在，则B依然会活着。B对此可能负有的过错是他早上忘记服药。这对于因果关系的成立并不重要，因为所有的条件都是等值的。^⑤

cc）客观注意义务之违反

4   必须将A归咎于在客观上违反注意义务。这意味着A忽视

---

① *Kindhäuser*, AT, § 5 Rn. 10.

② Wessels/Beulke/Satzger, AT, Rn. 95；延伸阅读参见Baumann/Weber/Mitsch, AT, § 13 Rn. 28 ff.

③ *Wessels/Beulke/Satzger*, AT, Rn. 96.

④ *Fischer*, Vor 13 Rn. 21.

⑤ *Zieschang*, S.29.

了日常交往中必要的注意以及对构成要件结果具有客观预见可能性。对可适用的注意方式以及程度的评估须从事前角度（ex ante）出发，以一个谨慎之人在行为人的具体处境和社会角色下的行为为确定标准。[①]一个谨慎之人绝不会在没有考虑必要性的情况下就驱赶蚊子。相反，他可以忍受这种不舒适的刺激直到把车停在路边，因为这样就不会对其他驾驶者产生任何危险。考虑到《德国道路交通条例》（StVO）第1条第2款对驾驶者注意义务的特殊要求，A的行为违反了注意义务。

dd）客观预见可能性

问题在于对结果发生的客观预见可能性。当案情所叙述的事件涉及一个非典型的因果进程（atypischer Kausalverlauf）时，则会缺乏这样的预见可能性。[②]当结果发生完全脱离了所期待的事件的通常发展以及日常生活经验时，便存在一个非典型的因果进程。[③]

5

本案中，B忘记服药导致自己受到惊吓而死于心力衰竭。该情况显示，一个人在车祸中死亡是由于忘记服药而死于心力衰竭，这几乎是难以想象的，并且超出了任何生活经验的范畴。此时，要否定结果发生的预见可能性。

6

b）结论

A不构成《德国刑法典》第222条规定的过失杀人罪。

7

[①] *Wessels/Beulke/Satzger*, AT, Rn. 669.

[②] 在故意犯罪中作为客观归责案例而熟知的非典型的因果进程在过失犯罪中被严格化，在客观预见可能性层面予以考查。参见Hilgendorf/Valerius, AT, § 12 Rn. 35; Wessels/Beulke/Satzger, AT, Rn. 673; Zieschang, S.118。

[③] *Wessels/Beulke/Satzger*, AT, Rn. 196.

2. 损坏财物罪,《德国刑法典》第303条第1款

8 　　A驾驶的汽车撞击B的汽车,涉嫌触犯《德国刑法典》第303条第1款的规定,可能构成损坏财物罪。

　　a)构成要件

　　aa)客观构成要件

　　A必须损坏或者毁坏了他人财物。B的汽车是他人财物。撞击使得汽车实体受到了严重损害,因此存在一个损坏财物的行为,符合客观构成要件。

　　bb)主观构成要件

9 　　依据《德国刑法典》第15条的规定,A在行为时必须具有故意。故意是指对所有符合构成要件的情状存在认识,实现构成要件的意欲。[①]对照案情则要否定故意的存在,原因在于,案情并没有给出A有意损坏B的汽车或者认可接受了这种结果发生的依据。因此A的行为并不符合主观构成要件。

　　b)结论

　　A不构成《德国刑法典》第303条第1款规定的损坏财物罪。

3. 基本案情的最终结论

　　A无罪。

(二) 变体案情

1. 故意杀人罪,《德国刑法典》第212条第1款

10 　　C藏匿药物,涉嫌触犯《德国刑法典》第212条第1款的规定,可能构成故意杀人罪。

[①] *Wessels/Beulke/Satzger*, AT, Rn. 203.

a）构成要件

aa）客观构成要件

为此，C的行为必须导致结果的发生。行为是藏匿药物，结果是B的死亡。问题在于，C的行为依照条件说（Bedingungstheorie）是否B死亡的原因。如果C没有藏匿药物，B就会服药，之后在交通事故发生时就不会受惊吓而死于心力衰竭。同时，由于不得不考虑A松开方向盘的行为，这里就存在一个累积的因果关系（kumulative Kausalität）[1]，其仍可以通过条件公式原则来解决，可以肯定因果关系的存在。由于藏匿药物所造成的危险最终以心力衰竭的结果而实现，可确定客观归责的存在。因此客观构成要件得以符合。

bb）主观构成要件

此外，C在行为时必须具有故意。具体而言，C必须对犯罪行为、犯罪结果以及某一具体形态的因果进程具有故意。C对犯罪行为具有故意。此外，C对犯罪结果也具有故意，因为他知道，B需要治疗心脏病的药物，如果他没有服用药物会导致致命的心力衰竭。然而关键问题在于，C对因果进程是否也具有故意？C对于事件随后的发展并没有具体性的设想。然而，当行为人的设想可以涵括因果进程的大致而非所有细节时，即可肯定其具有故意。[2]因果进程与行为人设想的非实质偏离，如同行为手段的另外一种作用方式，并不排除故意的成立。[3]在变体案情中，C藏匿药物至少对B心脏功能的衰弱以及随后可能的死亡

11

---

[1]　参见 Wessels/Beulke/Satzger, AT, Rn. 158。

[2]　*Lackner/Kühl*, § 15, Rn. 11.

[3]　Lackner/Kühl, § 15, Rn. 11；延伸阅读参见 Baumann/Weber/Mitsch, AT, § 20 Rn. 24 ff.

持认可接受的态度。对C而言，以何种方式，激动、惊吓或者其他情绪刺激来实现B的死亡并不重要。交通事故的发生并没有与设想的因果进程形成实质偏离。因此，可以肯定故意的存在并且符合主观构成要件。

b）违法性与罪责

C的行为违法且有责。

c）结论

C构成《德国刑法典》第212条第1款规定的故意杀人罪。

2.危险伤害罪，《德国刑法典》第223条第1款、第224条第1款

12 C藏匿药物，还涉嫌触犯《德国刑法典》第223条第1款、第224条第1款的规定，可能构成危险伤害罪。

a）构成要件

aa）《德国刑法典》第223条第1款规定的客观构成要件

为此，藏匿药物的行为必须对B造成《德国刑法典》第223条第1款意义上的乱待身体，或者健康损害。乱待身体（第一种情形）是指所有险恶、失当地给他人的身体安宁或身体完整性造成明显损害的行为。[1] B由于未服药物而忍受着剧烈疼痛，应将此视为给B的身体安宁造成明显损害。因此，C存在乱待他人身体的行为。

13 损害健康（第二种情形）是指引起或加剧他人偏离于身体正常状态的病理状态。[2] 现有病态的维持或者恶化，以及导致或者维持疼痛状态都符合损害他人健康的情形。[3] 藏匿药物的行为

---

[1] *Wessels/Hettinger*, BT I, Rn. 255.

[2] *Wessels/Hettinger*, BT I, Rn. 257.

[3] Schönke/Schröder/*Eser*, § 223 Rn. 5.

加剧了B因心脏病所具有的病态，因此，存在损害他人健康的行为，从而C的行为符合客观构成要件。

bb)《德国刑法典》第224条第1款规定的客观构成要件

此外，C的行为还可能符合《德国刑法典》第224条第1款 **14**
第5项加重构成要件要素（Qualifikationsmerkmal）的规定，即以危害生命的方式伤害他人。这个要素在细节上还存在争议。依照通说[1]，只需要存在一个普遍的、并不具体的生命危险。相反，其他意见[2]认为需要存在一个具体的生命危险。然而这样的争论在这里并不是决定性的，因为藏匿心脏病人的治疗药物既可被视为一种抽象的生命危险，也可被视为一种具体的生命危险。在变体案情中，这样的危险甚至已然实现。因此，C的行为符合《德国刑法典》第224条第1款第5项规定的加重构成要件要素。

cc）主观构成要件

C必须对《德国刑法典》第223条第1款、第224条第1款第 **15**
5项规定的构成要件具有故意。C知道，藏匿B的治疗心脏病药物的行为会引发B严重的身体问题，但是他认可接受了这种结果的出现。C也明白，他的行为会给B带来生命危险。由此C的行为符合主观构成要件。

b）违法性与罪责

C的行为违法且有责。

c）结论

C构成《德国刑法典》第223条第1款、第224条第1款第5

---

[1] *BGH* NStZ 2007, 339; *Fischer*, § 224 Rn. 12.

[2] Schönke/Schröder/*Stree/Sternberg-Lieben*, § 224 Rn. 12.

项规定的危险伤害罪。

　　3. 变体案情的最终结论

16　　C构成《德国刑法典》第212条第1款规定的故意杀人罪，第223条第1款、第224条第1款第5项规定的危险伤害罪。但危险伤害罪相对于故意杀人罪来说属于补充关系（Subsidiarität），退居次位，排除适用。因而在变体案情中，C构成《德国刑法典》第212条第1款规定的故意杀人罪。

四、案例评价

　　该案主要考查刑法总论问题，重点涉及过失、客观归责以及对因果进程偏离（Abweichung des Kausalverlaufs）的考量。

　　首先应检验过失杀人罪的刑事可罚性。必须讨论A的行为，即反射性地驱赶蚊子的动作是否受意欲支配，从而体现行为属性。在客观预见可能性方面，应深入分析非典型的因果进程理论。如果完全没有提及B忘记服药的归责问题，那么就评分而言会相当不利。针对B车的损坏财物罪的刑事可罚性由于缺乏故意而不予支持。当然可以考虑过失损坏财物罪的刑事可罚性，然而《德国刑法典》并没有规定这一犯罪。

　　在变体案情中要检验C的故意杀人罪的刑事可罚性。然而问题在于，C的故意是否针对具体的因果进程，即由车祸所导致的心力衰竭。然而，由于C明白因果进程的大致走向，并且对由心力衰竭导致的死亡结果的出现至少持认可接受的态度，所以不应认为此处存在非典型的因果进程。之后要检验危险伤害罪的刑事可罚性。在这一点上不会存在太大问题。

司法实践中的重要判例：《德国刑法典》第224条第1款第5项不要求出现具体的生命危险：BGHSt 2, 160 (163)；BGH NStZ 2004, 618；行为人行为与结果之间的因果关系以及第三人行为对因果进程偏离的贡献：BGH NStZ 2001, 29.

　　其他延伸阅读：*Beck*，*Susanne*，Fahrlässiger Umgang mit der Fahrlässigkeit，Teil 1，JA 2009，S.111–115，Teil 2，JA 2009，S.286–271. *Otto*，*Harro*，Wahrscheinlichkeitsgrad des Erfolgseintritts und Erfolgszurechnung，Jura 2001，275；*Kretschmer*，*Joachim*，Das Fahrlässigkeitsdelikt，Jura 2000，267.

案例10：情敌

关键词：谋杀罪；故意杀人罪；伤害罪；（附条件）故意；概括故意；
　　　　因果进程的偏离
难　度：偏难

一、案情

A知晓其丈夫C与B已经维持了相当长时间的婚外情。A去B家找其理论的时候，与B发生了激烈的争吵。出于嫉妒，并且为了干掉B，A多次将B的头部对准门框进行撞击。最终当B不再有生命体征时，A以为B已经死亡。随后A用一根绳索将B悬吊在房中，造成B悬梁自尽的假象，而这一切都是A早已谋划好的。事实上B当时只是失去知觉，最后因吊在绳索上窒息而死。

试问A的刑事可罚性？

二、分析提纲

三、案情分析

（一）谋杀罪，《德国刑法典》第212条第1款、第211条

1　　　A将B的头部撞向门框，涉嫌触犯《德国刑法典》第212条
第1款、第211条的规定，可能构成谋杀罪。

1. 构成要件

a) 客观构成要件

aa)《德国刑法典》第212条第1款规定的客观构成要件

本案中须出现《德国刑法典》第212条第1款规定的客观构成要件结果，即他人的死亡。B已死亡，构成要件结果已然实现。A的行为和结果之间还必须存在因果关系。条件公式意义上的因果关系指的是对于具体形态的结果而言不可以设想其不存在的所有条件。如果A没有将B的头部撞向门框，则不会发生B后来的死亡结果。所以A的行为和B的死亡结果之间存在因果关系。

不过，构成要件结果是否可归责于A仍然存在疑问。一般认为，如果将条件理论作为唯一的归责标准，会导致责任范围过于宽泛。相对于判例认为的在检验故意和过失的时候应当设定必要的界限，部分文献支持客观归责理论，即需要追问对在因果上引起结果发生的行为是否创设了具体构成要件意义上的法所不允许的危险，并且该危险是否在构成要件结果中得以实现。[①]本案中，构成要件结果的实现还依赖一个重要的中间过程，即将被害人悬吊于绳索之上。不过，A将B的头部撞向门框的行为已经创设了法所不允许的危险，并且该危险随后也在构成要件结果中得以实现。所以A的行为在客观上可归责，客观构成要件得以符合。

bb)《德国刑法典》第211条规定的客观构成要件

A可能符合谋杀要素之阴险。阴险指的是行为人明知被害

2

3

---

① 详见案例组 Jescheck/Weigend, AT, § 28 III, IV; Zieschang, S.34 ff.

人处于毫无猜疑且毫无防备的境地，却对其有敌意地加以利用。[①]毫无猜疑是指被害人在行为时间点上无法预料来自他人的危及自己身体健康或生命安全的攻击行为。[②]本案中，在A行为之前，A和B二人之间已经发生了激烈的争执，因此不能认为B处于毫无猜疑的境地。谋杀要素之阴险在此不能成立。其他与行为相关的谋杀要素也不符合本案情况。

b）主观构成要件

4 　　除此之外，A还必须符合谋杀罪的主观构成要件。依据《德国刑法典》第15条的规定，行为首先应当是故意实施的。故意是指对所有符合构成要件的情状存在认识，实现构成要件的意欲。[③]

aa）对《德国刑法典》第212条第1款规定的构成要件具有故意

5 　　A必须首先对《德国刑法典》第212条第1款规定的构成要件具有故意，即杀人故意。问题在于，本案中存在一个二阶段的事件进程。A多次将B的头部撞向门框，导致B不再有生命体征，这一阶段A无疑具有杀人故意。不过，该阶段行为结束后，因B还活着，构成要件结果并未即时出现。死亡结果直至B被悬吊于绳索之上才真正出现。但A并不知道这一点，因为她在第一阶段行为结束后就相信B已经死亡。对于这种二阶段事件进程的故意问题，一般在关键词"概括故意"（dolus generalis）[④]

---

① BGHSt 9, 385; *Wessels/Hettinger*, BT I, Rn. 107.

② *Wessels/Hettinger*, BT I, Rn. 110.

③ *Lackner/Kühl*, § 15 Rn. 3.

④ 特别参见德国联邦最高法院的Jauchegruben案（BGH NJW 1960, 1261）；对此详见Valerius, JA 2006, 261 ff.

之下进行讨论。

该问题一般表现为如下情形：

——第一行为阶段：行为人意欲实现构成要件结果，然而失败了。行为人却误认为结果已然实现。

——第二行为阶段：行为人最终实现了构成要件结果，但他却不知情，因为他误以为结果在第一行为阶段已然实现。

如何正确处理这一情形，在个案中不无争议。关于概括故意，早期观点是将两个行为阶段当作一个整体事件来看待。依照这一观点，行为人在第一行为阶段的故意也应延伸至第二行为阶段。[①]但这显然有悖于《德国刑法典》第16条第1款第1句的规定，即行为人对构成要件的故意必须存在于行为时。因此，两个阶段的行为并不能轻易地被视为整体事件。

另有观点认为，应当对每个行为阶段分别进行评价。行为 **6** 人在第一行为阶段虽具有故意，但却没有造成结果发生，所以应当构成犯罪未遂。而第二行为阶段又缺乏故意，只能考虑构成过失犯罪。[②]

通说一般用事实的因果进程和设想相偏离的规则来解决本 **7** 案这种情形。关键在于，事实的因果进程是否可以被行为人在第一行为阶段的故意所涵括。当然并不要求包括所有细节，只需要在实质特征上保持一致即可。如果事实的因果进程和行为人的设想存在实质偏离，超出了日常生活经验，则不再认为行

---

① *Welzel*, S.74.

② *Wessels/Beulke/Satzger*, AT, Rn. 264.

为人对该偏离具有故意。[①]

8　　　　本案中，A完全可以预见在数次将B的头部撞击门框后B只是失去知觉。此外，A甚至在将B的头部撞击门框之前就已经想到将B悬吊于绳索之上，用以掩盖自己的罪行。整个过程并没有超出日常生活经验，因此A在第二行为阶段也具有故意。

　　　　bb)《德国刑法典》第211条中与行为人相关的谋杀要素

9　　　　A还可能符合与行为人相关的谋杀要素，即卑劣动机。卑劣动机指处于道德底层，以一般的价值观念衡量应受严重谴责甚至应受完全鄙视的行为动机。[②]在动机和犯罪行为之间必须存在明显的不相适。本案中A的行为动机是嫉妒。嫉妒、报复等感情冲动本身不属于卑劣动机，除非成为不为人所理解的卑劣动机的行为理由。[③]反之，如果出于失望、绝望、走投无路的感情而杀人，则不能认定为卑劣动机。本案中A希望通过杀死她的情敌扫清感情道路上的障碍。对于一个"理性之人"来说，这属于不为人理解的范畴。因而此处应当认定成立卑劣动机。

　　　　此处并不符合谋杀要素之意图掩盖其他犯罪行为，因为这里的检验对象只是撞击行为。在该时间点上，A并未掩盖其犯罪行为。

　　　　2. 违法性与罪责

10　　　A的行为违法且有责。

　　　　3. 结论

　　　　依据《德国刑法典》第211条、第212条第1款的规定，

---

① 参见Lackner/Kühl, § 15 Rn. 11 以及 Wessels/Beulke/Satzger, AT, Rn. 265。

② 参见BGH NJW 1996, 3425。

③ *Wessels/Hettinger*, BT I, Rn. 95.

A构成谋杀罪。

（二）危险伤害罪，《德国刑法典》第223条第1款、第224条第1款（撞击）

1. 构成要件

a)《德国刑法典》第223条第1款规定的客观构成要件

A的撞击行为涉嫌触犯《德国刑法典》第223条第1款、第 **11**
224条第1款的规定，可能构成危险伤害罪。这里首先需要符合
《德国刑法典》第223条第1款规定的客观构成要件，即乱待身
体或者损害健康。乱待身体（第一种情形）是指所有险恶、失
当地给他人的身体安宁或身体完整性造成明显损害的行为。[①]本
案中A将B的头部撞击门框就属于乱待身体的行为。损害健康
（第二种情形）指引起或加剧他人偏离于身体正常状态的病理状
态。[②] B陷入失去意识的状态，不再有生命体征的时候，也属于
健康遭到损害的情形。由此，A的撞击行为符合《德国刑法典》
第223条第1款规定的客观构成要件。

b)《德国刑法典》第224条第1款规定的客观构成要件

aa)《德国刑法典》第224条第1款第2项第二种情形

A将B的头部撞击门框，可能符合《德国刑法典》第224条 **12**
第1款第2项第二种情形的规定，即构成使用危险工具伤害他
人。如果某种工具就其客观属性及其具体的使用方式而言，能
够造成严重的身体伤害，就属于危险工具。[③]门框表面材质坚
硬，棱角锋利，足以造成较大伤害。问题在于，《德国刑法典》

---

① *Wessels/Hettinger*, BT I, Rn. 255.
② *Wessels/Hettinger*, BT I, Rn. 257.
③ *Rengier*, BT II, §14 Rn. 27.

第224条第1款第2项第二种情形意义上的危险工具是否也包括不可移动的物体。部分文献认为，如果将被害人撞向不可移动的物体，也可以认定为使用危险工具。[1]至于究竟是将被害人撞向工具，还是用工具击打被害人，并无区别。但判例持相反观点，认为日常的语义是解释的边界，所以危险工具只能是移动或至少是可移动的物体。[2]如果支持判例的观点，则此处不构成使用危险工具伤害他人。[3]

bb)《德国刑法典》第224条第1款第3项

13　　A的行为还可能符合《德国刑法典》第224条第1款第3项的规定，即通过阴险的突然袭击伤害他人。突然袭击指的是对毫不知情的被害人进行突发的、出乎意料的攻击。[4]如果行为人按照计划掩饰了自己的伤害意图，从而使被害人难以进行防卫，那么这种突然袭击就是阴险的。[5]本案中A在进行攻击之前，已经同B产生激烈争执，B并非毫不知情，因此不能认定为突然袭击。另外，A并不是有计划地掩饰自己的伤害意图，因此可以排除构成《德国刑法典》第224条第1款第3项规定的阴险的突然袭击。

cc)《德国刑法典》第224条第1款第5项

14　　A的行为还可能符合《德国刑法典》第224条第1款第5项的规定，即以危害生命的方式伤害他人。某些文献认为该项要

---

[1]　参见 Rengier, BT II, § 14 Rn. 39。

[2]　参见 BGH NJW 1968, 2115; 赞同参见 Wessels/Hettinger, BT I, Rn. 274。

[3]　对"危险工具"的延伸阅读参见 Hilgendorf, ZStW 112（2000），S.111 ff.

[4]　*Wessels/Hettinger*, BT I, Rn. 279.

[5]　*BGH* NStZ 2005, 97.

求必须出现具体的生命危险①，但通说只要求出现抽象的生命危险即可。②不过以上争论在本案中意义不大，因为将头部撞击门框的行为既引发了抽象的生命危险也造成了具体的生命危险。因此《德国刑法典》第224条第1款第5项规定的构成要件得以符合。

c）主观构成要件

A必须对客观构成要件具有故意，即对《德国刑法典》第 **15**
223条、第224条规定的构成要件要素具有故意。依照目前主流的同一说，由于伤害他人属于杀害他人的必要阶段，具有杀人故意，则必定也具有伤害故意，后者涵括于前者。③A希望除掉B，因此也具有以危害生命的方式伤害他人的故意。主观构成要件得以符合。

2. 违法性与罪责

A的行为违法且有责。 **16**

3. 结论

依据《德国刑法典》第223条第1款、第224条第1款第5项的规定，A构成危险伤害罪。

（三）危险伤害罪，《德国刑法典》第223条第1款、第224条第1款（悬吊于绳索）

1. 构成要件

a）客观构成要件

A将B悬吊于绳索之上，涉嫌触犯《德国刑法典》第223条 **17**

---

① Schönke/Schröder/*Stree/Sternberg-Lieben*, § 224 Rn. 12.

② *Rengier*, BT II, § 14 Rn. 50.

③ 对此参见 Schönke/Schröder/Eser/Sternberg-Lieben, § 212 Rn. 18。

第1款、第224条第1款的规定，可能构成危险伤害罪。在此必须存在对身体的乱待或者健康损害。根据案情事实，B最后因为被悬吊在绳索上窒息而死，因而必定符合《德国刑法典》第223条第1款规定的乱待身体和损害健康。而且绳索还可能属于《德国刑法典》第224条第1款第2项第二种情形意义上的危险工具。悬吊会导致脑部供氧不足，因此绳索在具体的使用方式上能够造成严重的身体伤害。B正因此而最终死亡，此处构成使用危险工具。另外，悬吊于绳索也可能符合《德国刑法典》第224条第1款第5项规定的构成要件，即以危害生命的方式伤害他人。如果行为人伤害他人的行为原则上足以给被害人造成生命危险，即可符合该构成要件。本案中悬吊行为正是这种情况，由此加重构成要件也得以符合。

b）主观构成要件

18　问题在于，A将B用绳索悬吊起来的时候是否具有伤害故意。这里存在疑问的是，此前A已经将B的头部数次撞击门框，并且以为B已经死亡。A在悬吊B的时候认为B不再是一个活人，而只是一具尸体，因而对《德国刑法典》第223条第1款中的构成要件要素"他人"存在认识错误。该错误属于《德国刑法典》第16条第1款第1句中的构成要件错误，因此可以排除对基本构成要件（即伤害罪）的故意，不符合主观构成要件。

2.结论

依据《德国刑法典》第223条第1款、第224条第1款的规定，A不构成危险伤害罪。

（四）过失伤害罪,《德国刑法典》第229条

A用绳索吊起B的行为涉嫌触犯《德国刑法典》第229条的规定，可能构成过失伤害罪。

1. 构成要件

a）行为、结果和因果关系

依上文所述，伤害结果和A的行为之间存在因果关系。 **19**

b）客观注意义务之违反与预见可能性

A在用绳索吊起B的时候须得违反注意义务。注意义务以 **20**
一个谨慎之人在行为人的具体处境和社会角色下的行为作为确定标准。[①]一个谨慎之人在该情境下不会用绳索将B吊起，并给B的身体和生命造成巨大危险。因此悬吊行为违反了注意义务。此外构成要件结果的出现必须在客观上是可预见的。客观预见可能性应当根据行为人交往圈子中一个谨慎之人在行为人所处的情况下依照日常生活经验所能够预见的情况加以确定。[②]将他人用绳索吊起会导致伤害结果，对于一个谨慎之人来说是可预见的。

c）义务违反之关联

最后还需要存在义务违反之关联。该关联要求行为人违反 **21**
注意义务而创设的法所不允许的危险必须恰好在具体的结果中实现。[③]本案中，用绳索悬吊创设的危险随后直接实现为伤害结果，因此存在义务违反之关联。《德国刑法典》第229条规定的构成要件得以符合。

---

① *Wessels/Beulke/Satzger*, AT, Rn. 669; *Zieschang*, S.118.

② *Wessels/Beulke/Satzger*, AT, Rn. 667a.

③ *Wessels/Beulke/Satzger*, AT, Rn. 675.

2. 违法性与罪责

22　　违法性与罪责，尤其是个人注意义务之违反（individuelle Sorgfaltspflichtverletzung）与预见可能性，在本案中都可以得到认定。

3. 结论

依据《德国刑法典》第229条的规定，A用绳索将B吊起的行为构成过失伤害罪。

（五）竞合与最终结论

23　　A将B的头部撞击门框的行为构成《德国刑法典》第212条第1款、第211条规定的谋杀罪，同时构成《德国刑法典》第223条第1款、第224条第1款规定的危险伤害罪，将B悬吊于绳索之上的行为构成《德国刑法典》第229条规定的过失伤害罪。相较于《德国刑法典》第223条，第224条具有特殊性，因而优先适用。同理，《德国刑法典》第211条相较于第212条优先适用。《德国刑法典》第224条相对于第211条居于补充地位。撞击门框的行为和用绳索悬吊的行为构成自然的行为单数。《德国刑法典》第229条相对于第211条居于补充地位。综上所述，A构成《德国刑法典》第211条规定的谋杀罪。

四、案例评价

本案偏难，要求学生对故意具有基本认识。本案的重点在于二阶段的事件进程，需要知道各种解决方案。此外，学生需要熟知检验犯罪的步骤，特别是过失犯罪的结构。学生还会遇到一些具体的小问题：尤其是《德国刑法典》第211条中的卑劣动机，以及《德国刑法典》第224条第1款第2项第二种情形是否也包括不可移动的物体。

二阶段事件进程问题在本案中表现为虽然A在撞击B的头部的时候具有杀人故意，但被害人死亡的结果并未在这一行为阶段出现。当A用绳索将B吊起，导致死亡结果出现的时候，A是否具有杀人故意又存在疑问，因为A在行为时以为B已经死亡。因此需要借助已经主张的各种观点（概括故意说、未遂方案以及因果进程偏离理论），讨论A是否构成故意杀人罪。在此还必须对客观归责理论稍作提及。

本案的难点还在于不能忽视用绳索将他人吊起的行为构成（危险）伤害罪的可能性。必须提到A不知道她伤害了一个仍活着的人的事实，因此对要素"他人"存在构成要件错误。依据《德国刑法典》第16条第1款第1项的规定，可以排除A的故意，因而需要继续检验是否构成过失伤害罪。

司法实践中的重要判例：Jauchegrubenfall，附条件的故意，因果进程的非重大偏离：BGH NJW 1960, 1261=BGHSt 14, 193.

其他延伸阅读：*Britz*, *Guido/Jung*, *Heike*, Der praktischer Fall-Strafrecht: Weihnachtsüberraschungen, JuS 2000, 1194; *Buttel*, *Michael/Rotsch*, *Thomas*, Der praktische Fall-Strafrecht: Der Fremde im Zug, JuS 1995, 1096; *Hettinger*, *Michael*, Notiz zum „Dolus generalis", GA 2006, 289; *Valerius*, *Brian*, Irrtum über den Kausalverlauf bei mehraktigem Tatgeschehen, JA 2006, 261.

案例11：仇人相见

关键词：伤害罪；损坏财物罪；正当防卫；挑唆防卫；紧急避险

难　度：偏难

一、案情

"红鸡酒馆"的两名老主顾A和B不知什么缘故结了仇。一天，B告诉A，他不想再在酒馆里看见A，否则后果自负。然而A下定决心绝不当胆小鬼。A尽管对若动起手来B明显的身体优势有所顾虑，还是在第二天晚上来到酒馆同往常一样点了一瓶啤酒。

当同在酒馆的B看到A时，B马上冲向A并且尝试着将其拽出酒馆。结果A同B纠缠在一起，并用拳猛击B的脸部，B随即倒在地上。当B吃力地站起来时，A拿起桌子上的大啤酒杯击打B的头部。啤酒杯因此被打碎，溅起的啤酒也弄脏了B的衣服。

试问A的刑事可罚性？

变体案情：若为了避免斗殴的情况再次出现，酒馆老板禁止A擅入酒馆。但是A还是故意进入酒馆，对B进行挑衅，以便借机教训他。

二、分析提纲

三、案情分析

（一）拳打

　　危险伤害罪，《德国刑法典》第223条第1款、第224条第1
款第2项第二种情形

1   A的行为涉嫌触犯《德国刑法典》第223条第1款、第224条第1款第2项第二种情形的规定，可能构成危险伤害罪。

a）构成要件

A的行为必须符合《德国刑法典》第223条第1款、第224条第1款第2项第二种情形规定的构成要件。

aa）《德国刑法典》第223条第1款规定的客观构成要件

2   A的行为首先必须符合基本构成要件，即《德国刑法典》第223条第1款规定的客观构成要件。该要件分为两种情形：一种是乱待身体（《德国刑法典》第223条第1款第一种情形），另外一种是损害健康（《德国刑法典》第223条第1款第二种情形）。乱待身体指所有险恶、失当地给他人的身体安宁或身体完整性造成明显损害的行为。[1] B由于受到拳打而倒地。因此，可以肯定B的身体安宁遭受明显损害。损害健康指引起或加剧他人偏离于身体正常状态的病理状态。[2] 因为案情并没有说明由拳打行为造成的伤口情况，所以不能肯定这种情形。由此，A对B脸部的拳打行为符合《德国刑法典》第223条第1款第一种情形的规定。

bb）《德国刑法典》第224条第1款第2项第二种情形规定的客观构成要件

3   本案还可以考虑适用作为《德国刑法典》第223条伤害罪第1款第一种情形规定的加重构成要件，即《德国刑法典》第224条第1款第2项第二种情形。依据通行定义，工具意味着一个可以作用于身体并使其遭受损害的物体；由此可见，法律解释明

---

[1]　Fischer, § 223 Rn. 4; 延伸阅读参见 Arzt/Weber/Heinrich/Hilgendorf, BT, § 6 Rn. 21 ff.

[2]　*Fischer*, § 223 Rn. 8.

显没有遵循技术—口语式的方法。[①]问题在于，作为人身体一部分的拳头是否具有工具属性？文献中的一种观点出于规范的保护目的着眼于拳击手拳头的特殊危险性，该危险性并不逊色于使用棍棒的危险性。[②]然而案情中并不能从A的拳头推断出一个即将由工具引发的潜在危险，因此，就可排除依照该观点的《德国刑法典》第224条第1款第2项第二种情形的成立。文献中的主流观点以词义来提出论证。依据词义，身体部分不可能是（身体的）"工具"[③]。依照这种观点，A的拳头便不具有工具属性，就不符合《德国刑法典》第224条第1款第2项第二种情形规定的加重构成要件。

cc）主观构成要件

依据《德国刑法典》第15条的规定，A在行为时主观上必须具有故意。故意意味着对所有客观行为情状存在认识，实现构成要件的意欲。[④]相应地，必要的构成要件故意包含了认知要素和意欲要素。对于深陷窘境的A而言，拳打B的脸部，是为了阻止其进一步的攻击。因此，A的攻击行为是以存在认知和意欲的方式进行的。依据《德国刑法典》第15条的规定，A具有故意。

b）违法性

A的行为必须违法。如果A的行为依据一个违法阻却事由而实施，那么该行为就排除违法性。对此，可考虑《德国刑法典》第32条规定的正当防卫。

4

5

---

① *Fischer*, § 224 Rn. 8.

② *Hilgendorf*, ZStW 112,（2000），822 ff.

③ *Fischer*, § 224 Rn. 8a.

④ *Wessels/Beulke/Satzger*, AT, Rn. 203.

aa）防卫情势

防卫情势来自现时的违法攻击。①

6　　攻击指通过人的行为对法律所保护的法益造成直接的威胁。② B冲向A并尝试着将其拽出酒馆。A的身体完整性以及决定自由（Entschließungsfreiheit）受到了明显的威胁。

7　　攻击必须是现时的。现时的攻击意味着攻击即将发生、已经开始或是仍在持续。③ B已经与A有了身体上的接触，因此攻击已经着手实施并具有现时性。

8　　此外，B的攻击必须是违法的。这里恰恰符合这种情况。因此，存在防卫情势。

bb）防卫行为

9　　防卫行为必须针对攻击者，是客观必要以及需要的。④

攻击由B发起。A的防卫针对的是B。

10　　A的防卫行为必须是必要的。一方面，该行为出于防卫攻击是适当的；另一方面，该行为必须是防卫手段中最温和的。⑤

11　　适当且必要的防卫行为意味着，所采取的手段必须在原则上能够彻底终止攻击或者至少阻止攻击者。⑥ 根据案情，A采取的手段彻底终止了B的攻击，B倒在地上并且不能继续攻击。因此，A的防卫行为是适当的。

12　　问题在于，A的防卫行为在本案中是否体现了最温和的手

---

① *Zieschang*, S.57 ff.

② *Wessels/Beulke/Satzger*, AT, Rn. 325；*Zieschang*, S.58.

③ *Wessels/Beulke/Satzger*, AT, Rn. 328.

④ *Wessels/Beulke/Satzger*, AT, Rn. 333.

⑤ *Wessels/Beulke/Satzger*, AT, Rn. 335；*Zieschang*, S.59.

⑥ *Wessels/Beulke/Satzger*, AT, Rn. 335.

段？由于防卫权是以法确证思想为依据的，所以不能对A的行为提出异议，亦不能认为他必须逃离现场以回避攻击者。与B好好谈谈，从而让其打消将A赶出去的念头，在此时已无任何意义。B在没有给出任何语言警告的情况下冲向A，尝试着将其拽出酒馆。由于B的身体优势，A在受到攻击的时刻没有其他有效的、更加温和的解决争端的手段。因此，拳打B的脸部在法律意义上是最温和的手段。

此外，依据《德国刑法典》第32条第1款的规定，A的防 **13**
卫行为必须是需要的。虽然在检验正当防卫的框架内不进行法益衡量，但还是以禁止权利滥用行为的方式对个人防卫权划定了界限。[①] 如果出于某种特别的理由，防卫者不得进行防卫以及法确证思想并不要求严厉地压制这一危险，那么就不再符合防卫的需要性。以上观点在判决和文献中以多组案例的形式被类型化，挑唆防卫（Notwehrprovokation）情形即属于其中的一种。

挑唆防卫意味着，防卫者没有正当防卫的依据，挑唆攻击 **14**
是为了以正当防卫为借口伤害攻击者。事实上，防卫者才是攻击者。分辨这种情况的关键在于，防卫者是否蓄意或者以其他应受谴责的方式挑唆攻击：主要是挑唆攻击者发起攻击或者以其他方式，如违法或者有违社会伦理的前行为（Vorverhalten），引发攻击者的攻击。在蓄意挑唆的情况下，通说完全排除防卫权的成立。[②]本案中的A并没有蓄意挑唆，他只考虑到了动手的可能。因为A明白，对B蛮横要求的拒绝退让必会导致争执。

---

① *Fischer*, § 32 Rn. 36.

② 延伸阅读参见Heinrich, AT, Rn. 372 ff.

15　　也可以考虑以其他应受谴责的方式引发防卫情势。有争议的是，对这种应受谴责性应设有何种要求。除了要求防卫者具有一个违法前行为的观点，还有一种观点认为，一个不具有社会相当性且过度危险的行为足以满足对应受谴责性的要求。

16　　依据以上标准确定应受谴责性后，当事人的防卫权还要受到三阶段理论（Dreistufentheorie）的限制。首先防卫者必须躲避攻击，实在无法躲避时，他才能对攻击进行防卫。也就是说，要以保护性的手段防卫攻击，迫不得已时才允许防卫者以攻击性的手段对攻击者进行反击。本案中，B要求A远离酒馆，而A完全没有将B的话放在心上。B无权禁止他人擅入酒馆，只有房屋权权利人，即酒馆的主人或者一个获得授权的人，才有资格禁止他人擅入酒馆。

17　　因此，A拒绝履行B的要求并不是一种违法行为。此外，很难将A对于B要求的抗拒认定为一种有违社会伦理的行为。A在道德层面上并不负有履行B要求的义务，即远离自己常去的酒馆。换句话说，A并没有实施一个粗鲁失礼或者侮辱他人、与社会生活对其期待的行为方式大相径庭的行为。因此，A基于B的攻击所造成的防卫情势不受谴责。A的防卫权并不受需要性层面的滥用权利行为的限制。

　　cc）主观违法阻却要素

18　　最终，防卫行为必须以防卫意思（Verteidigungswille）为主观违法阻却要素。其一方面要求对防卫情势存在认识，另一方面要求防卫情势激发了防卫者的行为。①附加的动机如仇恨、愤

---

① 　Wessels/Beulke/Satzger, AT, Rn. 350a；详见Baumann/Weber/Mitsch, AT, § 17 Rn. 31 ff.

怒或者谋求报复等，只要没有让针对具体攻击的防卫动机变得次要，并不排除防卫意思的成立。[①]深陷窘境的 A 只想防卫 B 的攻击。攻击者与防卫者虽然互相敌对，然而案情中并没有提到由敌视所引发的激动情绪掩盖或者削弱了 A 在正当防卫行为时间点的防卫意思。因此，A 的主导动机还是防卫，其拳打 B 脸部的行为是带有防卫意思的。

由此，A 的行为满足《德国刑法典》第 32 条规定的正当防卫的所有前提。 **19**

c）结论

A 的行为得以排除违法性，A 不构成《德国刑法典》第 223 条规定的伤害罪。

（二）用啤酒杯击打

1. 危险伤害罪，《德国刑法典》第 223 条第 1 款、第 224 条第 1 款第 2 项第二种情形和第 5 项

A 用啤酒杯击打的行为涉嫌触犯《德国刑法典》第 223 条第 1 款、第 224 条第 1 款第 2 项第二种情形和第 5 项规定的规定，可能构成危险伤害罪。 **20**

a）构成要件

A 的行为必须符合《德国刑法典》第 223 条第 1 款、第 224 条第 1 款第 2 项第二种情形和第 5 项规定的构成要件。

aa）《德国刑法典》第 223 条第 1 款规定的客观构成要件

A 的行为必须符合基本构成要件，即《德国刑法典》第 223 条第 1 款规定的客观构成要件。这就需要 A 实施了乱待身 **21**

---

① *BGH* NStZ 2003, 425, 427.

体（《德国刑法典》第223条第1款第一种情形）或者损害健康（《德国刑法典》第223条第1款第二种情形）的行为。A用啤酒杯击打B的头部是一种失当的处置行为，并且明显损害了B的身体完整性。因此，A的行为符合《德国刑法典》第223条第1款第一种情形的规定。而案情并没有说明A的行为是否给B的健康造成了损害。

bb)《德国刑法典》第224条第1款第2项第二种情形和第5项规定的客观构成要件

22　本案可以考虑适用《德国刑法典》第223条第1款第一种情形规定的加重构成要件，即《德国刑法典》第224条第1款第2项第二种情形。相比于拳头，啤酒杯作为可移动的物体毫无争议地具有工具的属性。如果一个工具就其客观属性及其具体的使用方式而言能够造成严重的身体伤害，就可视其为危险工具。[①]啤酒杯的硬度结合A强有力的动作，对B的健康是一种严重的威胁。因此，A的行为符合《德国刑法典》第224条第1款第2项第二种情形规定的加重构成要件。

23　此外，A的行为还可能符合《德国刑法典》第224条第1款第5项规定的加重构成要件。该项规定体现了对以损害被害人的身体完整性为目的，通过危害生命的方式伤害他人行为的刑罚加重（Strafschärfung）。以危害生命的方式伤害他人的行为被判例释义为适格犯（Eignungsdelikt）。依此，行为人的行为在具体情况下并不一定要威胁到被害人的生命，只要其行为方式一般适于危害生命即可。相应地，勒住脖子、将刀捅入胸口或者

---

① Fischer，§224 Rn. 9；核心涉及具体使用，Arzt/Weber/Heinrich/Hilgendorf, BT，§6 Rn. 54。

脚踏头部等动作（当然也要取决于个案的情况）在不具有实际危险时，也可被视为以危害生命的方式伤害他人。[①] 本案中 A 用啤酒杯强有力地击打 B 的头部，这种行为可以被视为以危害生命的方式伤害他人。因此，使用啤酒杯击打 B 头部的行为符合《德国刑法典》第 224 条第 1 款第 2 项、第 5 项规定的构成要件。

cc）主观构成要件

依据《德国刑法典》第 15 条的规定，A 在行为时主观上必 **24**
须具有故意。A 不仅要对《德国刑法典》第 223 条第 1 款第一种情形的构成要件要素具有故意，也要对《德国刑法典》第 224 条第 1 款第 2 项第二种情形和第 5 项规定的构成要件要素具有故意。A 用啤酒杯带有认知和意欲地击打 B 的头部，由此可以认为，A 已认识到其行为的危险性。因此符合主观构成要件。

b）违法性

此外，A 的行为必须违法。

aa）正当防卫，《德国刑法典》第 32 条

问题在于，A 能否再次依据《德国刑法典》第 32 条的规定， **25**
即正当防卫排除其行为的违法性？

在检验防卫情势的框架内必须确定存在行为对法益的侵害。B 被 A 用拳头击打倒地并且想要重新站起来。但是并不能认定，用拳头击打 B 的脸部可以改变 B 的初衷，使其此后不再攻击 A。因为 A 在酒馆中总是处于与 B 临近的状态，所以可以认定存在 B 对 A 的身体完整性以及决定自由的持续威胁。因此存在攻击。[②]

这个攻击还必须是现时的。这种"现时性"标准对正当防 **26**

---

① *Fischer*, § 224 Rn. 12b.
② 这里似乎也可以主张其他观点。

卫的时间划定了严格的界限。《德国刑法典》第32条并不适用于针对未来的、非现时的攻击的预防措施。对法益的侵害必须至少是即将发生的，比如攻击者抬臂举拳或者抓起武器。攻击者的行为必须可以直接转化为法益侵害。

27　　对此可以考虑两点：可以将B的第一次攻击判断为一个持续的攻击或即将发生的、潜在的第二次攻击。但A以将B击倒在地的方式抵御了B的第一次攻击，由此产生了一个时间间隔，所以不能将B的第一次攻击视为持续的。这就只能考虑上述两种可能性中的第二种。当时B被击倒在地并且正在努力慢慢爬起来，B在这个时间点上对A的威胁并非即将发生，因而也不具有"现时性"。要满足"现时性"，还需要具备一些中间步骤（Zwischenschritte）：首先B必须重新站起来，其次必须继续表现出对A的敌意以及着手进行身体上的攻击。但事实上并没有发生这些步骤。因此，并不存在一个现时的攻击。A的行为不能依据《德国刑法典》第32条规定的正当防卫排除违法性。

　　bb）阻却违法的紧急避险，《德国刑法典》第34条

28　　可以考虑适用《德国刑法典》第34条规定的阻却违法的紧急避险来排除A的行为的违法性。

　　①避险情势

　　首先必须存在避险情势，即存在针对生命、身体或自由现时的危险，不得不损害其他法律所保护的法益。[1]

29　　必须存在一个可以避险的法益或是法律所保护的法益。《德国刑法典》第34条所列举的法益仅作为范例，也包括超个人法益

---

[1]　*Wessels/Beulke/Satzger*, AT, Rn. 299.

（Rechtsgüter der Allgemeinheit）。对A而言，存在针对其身体和决定自由的危险。因此，存在可以避险的法益。

法益须得面临危险。危险意味着基于事实情状而极有可能发生损害结果的状态。高度可能性指的是可能性近在眼前或存在有理由的忧虑，一般的可能性并不能够满足。[①]本案中，A紧挨着正吃力站起来的B。B绝不可能在被A击打脸部之后考虑放过A。因此，存在发生损害法益结果的高度可能性。 **30**

这个危险还必须是现时的。现时的危险是指，如果不采取避险措施，任由事件自然发展一定会出现或者极其可能出现损害结果。《德国刑法典》第34条规定的阻却违法的紧急避险中的危险的时间界限明显要宽于《德国刑法典》第32条规定的正当防卫中的攻击的时间界限。当然也包含持续性危险（Dauergefahren），即依据人类经验随时可突变为损害的状态，也不排除距离发生损害结果还有一段时间的可能性。如果持续性危险已经相当紧急，必须刻不容缓采取措施才能有效避免，那么它就是现时的。[②]由于缺乏相反的论据，可以认为，一旦B再次抓住A，他就会继续对A实施敌意。因此，B对A传达的危险是现时的。 **31**

②避险行为

作为避免危险手段的避险行为必须是客观必要的（"不存在更为温和的手段"）。必要性的审核标准同《德国刑法典》第32条规定一样。本案的问题在于，A是否采用了最温和的手段来抵御威胁。B正准备对A重新构成威胁，但在A用啤酒杯击打B头部的时间点，B对A并不构成A一定要用啤酒杯击打B才能抵 **32**

---

① *Fischer*, § 34 Rn. 4.
② *Wessels/Beulke/Satzger*, AT, Rn. 306.

御的威胁。在此情形下，A有时间寻求更温和的手段。A可以要求酒馆老板或者服务员给警察打电话或者叫来保安解决冲突。A的粗暴反应并不恰当，因为B在这个时间点上并未对其构成威胁。因此，A的避险行为并不必要。A的行为不能依据《德国刑法典》第34条规定的阻却违法的紧急避险排除违法性。

c）罪责

33　A的行为必须有责。

aa）容许构成要件错误

A可能陷入容许构成要件错误。当行为人对违法阻却事由介入的相信是基于他对一个公认的违法阻却事由的客观前提产生了误解，就存在容许构成要件错误。这意味着，行为人误以为存在特定的事实情状，当这些事实情状"真实存在"时就可排除其行为的违法性。[①]从案情中并不能获悉A在用啤酒杯击打B的时间点上产生了事实错误，也不能认定由于B持续存在的攻击可以排除A行为的违法性。

bb）防卫过当

34　此外，可考虑适用《德国刑法典》第33条规定的防卫过当。防卫者由于慌乱、恐惧、惊吓而防卫过当的，排除罪责（即虚弱性冲动）。案情中并没有显示A具有这些情绪，所以不能以《德国刑法典》第33条为依据排除A的罪责。

cc）减弱的罪责能力与罪责能力

35　对A既不适用《德国刑法典》第20条关于罪责能力的规定，也不适用《德国刑法典》第21条关于减弱的罪责能力（verminderte Schuldfähigkeit）的规定。虽然本案发生在酒馆里，

---

① *Wessels/Beulke/Satzger*, AT, Rn. 467; *Zieschang*, S.94.

但是案情并没有说明A已经喝了很多啤酒或是已经喝醉。

dd）阻却罪责的紧急避险

本案中也不考虑适用《德国刑法典》第35条的规定，鉴 **36**
于避险行为的必要性，阻却罪责的紧急避险（entschuldigender
Notstand）所要求的前提同《德国刑法典》第34条一样。因此，
A的行为有责。

d）结论

依据《德国刑法典》第223条第1款第一种情形、第224条
第1款第2项第二种情形和第5项的规定，A构成危险伤害罪。
《德国刑法典》第223条相对于第224条退居次位，排除适用。

2. 损坏财物罪，《德国刑法典》第303条第1款（对啤酒杯）

A用啤酒杯击打B的头部导致啤酒杯被打碎，涉嫌触犯《德 **37**
国刑法典》第303条第1款的规定，可能构成损坏财物罪。

a）构成要件

aa）客观构成要件

A必须损坏或者毁坏了他人财物。啤酒杯是有体的标的。
他人财物即财物的所有权既不属于行为人也不是无主物。啤酒
杯并不归A所有，因此对A而言，啤酒杯是他人财物。"毁坏"
意味着物的存在性被毁灭或者受到本质性损害以致常规用途完
全丧失。[①]本案中，啤酒杯被打碎，即丧失了作为啤酒容器的用
途。因此，A毁坏了他人财物，其行为符合《德国刑法典》第
303条第1款规定的客观构成要件。

bb）主观构成要件

A在行为时必须具有故意（《德国刑法典》第15条）。A并 **38**

---

① Fischer, §303 Rn. 14；延伸阅读参见Arzt/Weber/Heinrich/Hilgendorf, BT, §12 Rn. 16 f.

不意在毁坏啤酒杯，但A肯定认识到毁坏啤酒杯是强力击打B头部的必然后果。因此，A具有第二级直接故意（明知性）。

b）违法性与罪责

39 并不存在违法阻却事由，尤其不适用正当防卫，因为啤酒杯的主人对A并不构成威胁。正当防卫并不适用于侵入第三人的权利范围。[①]对A也不能适用《德国民法典》第904条规定的攻击性紧急避险，因为其行为并不是"必要"的（参见避险行为）。

此外，A的行为有责。

c）结论

依据《德国刑法典》第303条第1款的规定，A构成损坏财物罪。依据《德国刑法典》第303c条的规定，该罪告诉才处理。

3. 损坏财物罪，《德国刑法典》第303条第1款（对衣服）

40 A用啤酒杯击打B的头部，致使啤酒弄脏了B的衣服，涉嫌触犯《德国刑法典》第303条第1款的规定，可能构成损坏财物罪。

a）构成要件

aa）客观构成要件

对A而言，B的衣服是他人财物。问题在于，A是否损坏或者毁坏了他人财物。损坏意味着使财物的实体受到严重损害。依据通说，对财物外观或者形状的损害导致其常规用途受限也属于对财物的损坏。[②]可以认为用啤酒弄脏B的衣服符合此种情形。因此，A对B的衣服实施了《德国刑法典》第303条意义上的损坏行为。

---

① *Wessels/Beulke/Satzger*, AT, Rn. 334.
② *Fischer*, § 303 Rn. 6.

bb）主观构成要件

A在行为时必须具有故意（《德国刑法典》第15条）。A并 **41**
不意在弄脏B的衣服，但他肯定认识到弄脏B的衣服是他用盛
满啤酒的啤酒杯强力击打B头部的必然后果。因此，A具有第二
级直接故意。

b）违法性与罪责

排除《德国刑法典》第34条的适用（详见阻却违法的紧急
避险）。同样不考虑其他违法阻却事由以及罪责阻却事由。A的
行为违法且有责。

c）结论

依据《德国刑法典》第303条第1款的规定，A构成损坏财
物罪。

4. 基本案情的最终结论与竞合

A的行为符合《德国刑法典》第223条第1款第一种情形、第 **42**
224条第1款第2项第二种情形和第5项以及第303条第1款规定的
构成要件。《德国刑法典》第223条相对于第224条退居次位，排
除适用。因此，A构成《德国刑法典》第224条第1款第2项第二
种情形和第5项规定的危险伤害罪、第303条第1款规定的损坏财
物罪，二者成立《德国刑法典》第52条的犯罪单数（想象竞合，
从一重处罚）。

（三）变体案情：拳打

1. 伤害罪，《德国刑法典》第223条第1款

A用拳击打B的脸部，其行为涉嫌触犯《德国刑法典》第 **43**
223条第1款的规定，可能构成伤害罪。

a）构成要件

客观构成要件和主观构成要件与基本案情一致。

b）违法性

44　　A的行为必须违法。如果A的行为是基于某个违法阻却事由，则可排除违法性。对此，可考虑适用《德国刑法典》第32条第1款有关正当防卫的规定。依据《德国刑法典》第32条的规定，与基本案情相同，变体案情中也存在一个必要的防卫情势。对于防卫行为而言，问题在于A的防卫行为是否是需要的。对此须考虑在挑唆防卫情况下对防卫权的限制。在变体案情中，A出现在酒馆的目的是挑衅B，以便借机教训B。由此可以认定，A所谓的"教训"意味着暴力争执。对于A而言，重要的是与B对抗。A认定自己在酒馆出现可以激起B的愤怒进而使B攻击自己，从而他可以进行反击伤害B。因此，A的行为就构成了蓄意挑唆的情形。

45　　依据通说，蓄意挑唆完全排除防卫权，挑唆防卫者在此被视为事实上的攻击者。[1]A带有认知和意欲地进入酒馆，就是为了挑衅B，进而伤害B。鉴于A蓄意导致的正当防卫情形，不能依据正当防卫的相关规定排除A行为的违法性，其对B的防卫行为是违法的。

c）罪责

A的行为有责。

2. 结论

A构成《德国刑法典》第223条第1款第一种情形规定的伤

---

[1]　*BGH* NStZ 1983, 452；*Wessels/Beulke/Satzger*, AT, Rn. 347.

害罪。依据《德国刑法典》第230条的规定，该罪告诉才处理。

（四）进入酒馆

1. 侵犯居住安宁罪，《德国刑法典》第123条第1款第一种情形

A进入"红鸡酒馆"，涉嫌触犯《德国刑法典》第123条第 **46**
1款第一种情形的规定，可能构成侵犯居住安宁罪。

a)构成要件

aa）客观构成要件

在客观层面上，A须得侵入一个受法律保护的空间。酒馆属于《德国刑法典》第123条第1款规定的经营场所（Geschäftsräume）。经营场所是指至少暂时用于工商业、艺术、科学或类似目的的封闭的运营和销售场所。[1]"红鸡酒馆"的主要营业范围是零售啤酒。因此，"红鸡酒馆"属于《德国刑法典》第123条第1款意义上的经营场所。此外，酒馆对A而言是一个房屋权属于他人的领域。A必须侵入了《德国刑法典》第123条第1款意义上的他人房屋权的领域。侵入意味着行为人违背权利人的意志进入其受保护的空间。[2]酒馆老板作为房屋权权利人对A个人发布了有效的禁止来访的明示，然而A还是进入了酒馆。因此，A侵入了酒馆。A的行为符合《德国刑法典》第123条第1款规定的客观构成要件。

bb）主观构成要件

A在行为时主观上必须具有故意（《德国刑法典》第15条）。 **47**

---

[1] Schönke/Schröder/*Sternberg-Lieben*, § 123 Rn. 5.
[2] Fischer, § 123 Rn. 14; 延伸阅读参见 Arzt/Weber/Heinrich/Hilgendorf, BT, § 8 Rn. 9 ff.

在酒馆主人给予禁止来访的明示以后，A仍然带有认知和意欲地进入"红鸡酒馆"。因此，A在行为时具有故意。

b)违法性

48　尽管《德国刑法典》第123条第1款明确规定了"非法性"（Widerrechtlichkeit）和"未经允许性"（Unbefugtheit），但这只是作为指明违法性的一般性犯罪要素，不存在违法阻却事由。因此，A的行为违法。

c)罪责

A的行为有责。

2.结论

A构成《德国刑法典》第123条第1款第一种情形规定的侵犯居住安宁罪。依据《德国刑法典》第123条第2款的规定，该罪告诉才处理。

3.变体案情的最终结论与竞合

49　A构成《德国刑法典》第223条第1款规定的伤害罪、第123条第1款规定的侵犯居住安宁罪，二者成立《德国刑法典》第52条的犯罪单数（想象竞合，从一重处罚）。

四、案例评价

本案偏难，重点为违法阻却事由。在分析中应能呈现正当防卫的需要性以及避险行为的界限。处理案例时还应检验针对啤酒杯和衣服的损坏财物行为以及侵犯居住安宁的行为。

在检验正当防卫需要性的框架内需讨论可能存在的挑唆攻击，因为A违背B的要求进入酒馆。欲成功分析该案例，需要区分蓄意挑唆以及以其他应受谴责的方式进行的挑唆，并且呈现其法律后果。由于 B 不是房屋权权利人，且 A 并没有被房屋权权利人禁止进入酒馆，所以不存在挑唆行为。

用啤酒杯击打 B 头部的行为排除了正当防卫的适用，因为 B 的攻击在这个时间点上并不具有现时性。因此，在分析案例时还应探讨其他违法阻却事由和罪责阻却事由。虽然鉴于 B 所具有的持续性危险可考虑适用《德国刑法典》第 34 条规定的阻却违法的紧急避险，但其在必要性层面不予成立，原因在于，A 还可以采取更为温和的避险手段。

变体案情与基本案情的不同之处在于存在 A 蓄意挑唆的情形，由此可排除防卫权的成立。由于存在酒馆主人有效的禁止来访的明示，A 的行为也符合《德国刑法典》第 123 条第 1 款规定的构成要件。

司法实践中的重要判例：对防卫者有违社会伦理的前行为的防卫权限制：BGH NStZ 2006，332.

其他延伸阅读：*Kühl, Kristian*, Anmerkung zu BGH: Einschränkung der Notwehr in einem Fall sozialethisch zu beanstandenden Vorverhaltens, StV 1997, 298; *Hilgendorf, Eric*, Körperteile als „gefährliche Werkzeuge" ZStW 112 (2000), 811.

案例12：教训

关键词：谋杀罪；伤害罪；不进行救助罪；损坏财物罪；侵犯居
住安宁罪；未遂；中止

难　度：偏难

一、案情

A想狠狠地"教训"B，因此他购置了一把左轮手枪。A藏在B车库旁的灌木丛中。不一会儿，B走了进来，打开车库门并上了车。A认为此时正是天赐良机，他依照事先的计划跳出灌木丛，站在车库门前冲着车的挡风玻璃向B的胸口开枪。然而子弹穿过挡风玻璃击中了B的肩膀。尽管A可以继续向B开枪，但是他逃离了案发现场，因为他认为此举已足够教训B。之后，B的邻居在听见枪声后找到了受伤的B，并将B送到医院。

试问A的刑事可罚性？

二、分析提纲

三、案情分析

（一）谋杀罪未遂，《德国刑法典》第212条第1款、第211条、第22条、第23条

1 A的行为涉嫌触犯《德国刑法典》第212条第1款、第211条、第22条、第23条的规定，可能构成谋杀罪未遂。

1. 预先检验

犯罪行为必须没有既遂而且《德国刑法典》明文规定谋杀罪未遂可罚。由于B还活着，所以A的犯罪行为并没有既遂。依据《德国刑法典》第23条第1款的规定，重罪的未遂一律可罚。依据《德国刑法典》第12条第1款的规定，重罪是指法定最低刑为1年或1年以上自由刑的违法行为。依据《德国刑法典》第212条、第211条的规定，犯谋杀罪受终身自由刑。因此，谋杀罪未遂可罚。

2. 行为决意

2 问题在于是否存在相应的行为决意。行为决意包括对所有客

观构成要件要素的故意以及其他可能存在的主观构成要件要素。

其他可能存在的主观构成要件要素包括《德国刑法典》第242条及其同类构成要件规定的据为己有的目的（Zueignungsabsicht）或者第211条规定的与行为人相关的谋杀要素。

A必须具有杀死B的故意，至少存在间接故意的形式。间接故意是指对法定构成要件的实现持放任[1]甚至认可[2]的心理状态。相反，有认识的过失意味着行为人信赖构成要件不会实现，即使他认识到其行为固有的风险。[3]

本案中，A隔着车的挡风玻璃向B的胸口开枪。A必须认识到，此举会威胁到B的生命。A的开枪行为体现了其对死亡结果发生的放任。案情并没有提到A信赖其行为不会导致死亡结果的发生，因此并不存在有认识的过失，而是具有间接故意。所以，A具有杀死B的行为决意。 **3**

紧接着要检验的是，A的行为决意是否指向与行为相关的谋杀要素的实现。就此可以考虑《德国刑法典》第211条第2款第二组中的谋杀要素之阴险。阴险意味着行为人明知被害人处于毫无猜疑且毫无防备的境地，却加以利用而将其杀害。[4]判例还额外要求行为要在具有敌意的状态下做出[5]，与此相对，部分学说则 **4**

---

[1] 这是通说的措辞，参见Haft, AT, F II 3 c；Wessels/Beulke/Satzger, AT, Rn. 214 附有进一步的明证。

[2] 这是判例的措辞，显然在内容上几乎与通说毫无差别。参见BGHSt 7, 363（Lederriemen案）以及Roxin, JuS 1964, 53；近来参见BGHSt 36, 1（Aids案）。

[3] 参见Heinrich, AT, Rn. 297。界定附条件的故意与有认识的过失参见Heinrich, AT, Rn. 298 ff.

[4] *Haft*, BT II, J I 2 c.

[5] BGHSt（Großer Senat 扩大的审判庭）30, 105, 113 ff.，延伸阅读参见BGHSt 33, 363, 365。

要求行为人具有应受谴责的失信。[1]在开枪的时刻，就如A之前知道的，B并没有预料到会遭受枪击，因此他毫无猜疑。[2]B的毫无猜疑必然限制其抵抗能力，所以他毫无防备。而A并不具有应受谴责的失信，因为案情中并没有提到B信任A。对于应受谴责的失信的标准可不予采纳，因为该标准极不明确，不能得出可行的结论。在《德国刑法典》第240条第2款的背景下，对要素"应受谴责"进行宽泛解释所产生的问题显得将应受谴责性超越法律地并入阴险概念中的做法并不可取。相反，应优先采纳判例的见解，即要求有敌意的意思指向（Willensrichtung）。[3]本案中可以轻松认定这种意思指向的存在。因此依据《德国刑法典》第211条第1款、第2款第二组中的谋杀要素（阴险）、第22条、第23条的规定，A具有谋杀罪未遂的行为决意。

与之相对，则要排除《德国刑法典》第211条第1款、第2款第一组中的谋杀要素之卑劣动机的存在。

3. 直接着手

依据《德国刑法典》第22条的规定，还需要行为人已经直接着手实现构成要件。对此，应确定未遂与纯预备行为的界限。然而在个案中这种界定往往存在很大问题。[4]依照占据通说地位的"主客观混合说"（gemischt subjektv-objektive Theorie），界定标准不仅取决于《德国刑法典》第22条法律条文表述的行为人的内心设想（Vorstellungsbild）[5]，还取决于受保护的行为对象事

---

[1] 例如Schönke/Schröder/Eser/Sternberg-Lieben, § 211 Rn. 26。

[2] 毫无猜疑详见Wessels/Hettinger, BT I, Rn. 110 ff。

[3] 详见LK/Jähnke, 11.Aufl., 1992 ff., § 211 Rn. 50; Wessels/Hettinger, BT I, Rn. 107 ff。

[4] 对于不同界定理论的概览参见Wessels/Beulke/Satzger, AT, Rn. 599 ff.附有大量明证。

[5] 更久远的主观说，参见RGSt 72, 66; BGHSt 6, 302。

实上面临的直接威胁。①只要行为人主观上已经越过"现在开始动手"的界限，且客观上也已经开始了实行行为，就可认定为直接着手。当然实行行为并不一定是实行构成要件行为。②

本案中，A瞄准B并且扣动了扳机，可以肯定《德国刑法典》第22条意义上的直接着手的成立。

本案中，将着手界定标准的各种学说机械化地一一列举不仅是多余的，而且是错误的。

4.违法性与罪责

A的行为违法且有责。

5.免除刑罚的中止，《德国刑法典》第24条

然而，A的谋杀罪未遂或可依据《德国刑法典》第24条第1 **6** 款的规定而免除刑罚。

依据通说，中止的未遂属于个人刑罚免除事由（persönlicher Strafaufhebungsgrund）。③也有其他观点认为它是罪责阻却事由（Entschuldigungsgrund）。④然而，这些观点冲突并不具有太大的实际影响。

a）不存在失败未遂

如果存在失败未遂（fehlgeschlagener Versuch）的情况，则要排除适用《德国刑法典》第24条的规定。

失败未遂是一个法律虽未明确规定，但通说以及判例广泛

---

① 这种观点是所谓"客观说"的核心，参见RGSt 53, 217; BGHSt 2, 380; 20, 150。
② 参见BGHSt 35, 6, 8 f.; *Wessels/Beulke/Satzger*, AT, Rn. 599; *Zieschang*, S.133。
③ 例如*BGH* StV 1982, 1; *Wessels/Beulke/Satzger*, AT, Rn. 626。
④ 参见*Haft*, AT, I VI 1。

认可的法律制度，尤其借以避免实践中常常相当困难的对中止自愿性的检验。[①]

当一个结果诱因（Erfolgsherbeiführung）变得不再可能，且行为人明知已经不能实现其所希望的构成要件之结果，就不能构成免除刑罚的犯罪中止，即不能中止一个无法再实现的犯罪行为。在个案中，失败未遂又可分为以下两种情形[②]：

7　　第一种失败未遂的情形是行为人无法实现某个具体的构成要件行为目标并且对此已经知情。在本案中，A的具体构成要件的行为目标是间接故意地接受B的死亡。对此可确认，A可以再开一枪以达到该行为目标。因此，并不存在此种失败未遂的情形。

8　　第二种失败未遂的情形主要指虽然构成要件行为目标仍然能实现，但犯罪行为计划（更准确地说应是继续实现犯罪行为的计划）已经变得毫无意义。[③]依据A的犯罪行为计划，行为目标是教训B。由于A已经实现了其犯罪行为计划，所以不再成立失败未遂。综合来看，完全可以排除失败未遂的成立。

b）实行终了的未遂与未实行终了的未遂

9　　依据《德国刑法典》第24条第1款第1句的规定，行为人自愿放弃继续实行行为（第一种情形）或主动阻止行为既遂的（第二种情形），不因犯罪未遂而处罚。接下来需要检验本案属于哪一种情形。

放弃继续实行行为（《德国刑法典》第24条第1款第1句第一种情形）仅指行为人没有完成自己设想中引发构成要件

---

① 然而对于"失败未遂"这一制度也不乏强烈质疑，参见如*Ranft*, Jura 1987, 527。

② Schönke/Schröder/*Eser/Bosch*, § 24 Rn. 8 ff.

③ 例如，计划偷来的赃物没有任何价值；参见*Fischer*, § 24 Rn. 8。

结果出现所必要的全部行为［未实行终了的未遂（unbeendeter Versuch）］。反之，实行终了的未遂（beendeter Versuch，《德国刑法典》第24条第1款第1句第二种情形）是指行为人按照自己的设想，相信自己已经完成导致构成要件结果出现所必要的全部行为。为达到免除刑罚的条件，在未实行终了的未遂场合，只需要单纯不继续实施行为即可；而在实行终了的未遂场合，还需要行为人积极地阻止行为。

本案中，A具有杀人（间接）故意地向B开枪，以执行他的 **10** 犯罪行为计划。而B没有被杀死，只是受了伤。针对犯罪行为计划而言［犯罪行为计划说（Tatplantheorie）]①，A全盘实施了犯罪行为计划，然而没有出现构成要件结果。因此可以认为，本案属于实行终了的未遂。②德国联邦最高法院在其新近的判例中采用了著名的中止界限说（Lehre vom Rücktrittshorizont）。③依照该学说，实行终了的未遂的成立以最后一个实行行为的时间点为准，需要查明行为人在该时间点上是否认为其已经完成了导致构成要件结果出现所必要的全部行为。④该案中，A明知在其开枪后B还活着。由此A在这个时间点上不会认为已经实行了置B于死地所必要的全部行为。这意味着此处成立未实行终了的未遂。⑤

然而需要考虑的是，A的行为目标本来是给B一个"教训"。 **11** A并不想致力追求B死亡的结果，而是将其作为自己行为可能出

---

① BGHSt 22, 330.

② 实际上BGHSt 22, 330, 331.也可参见Wessels/Beulke/Satzger, AT, Rn. 632 附有进一步的明证。

③ 在文献中时常被称作"综合考量说"（Gesamtbetrachtungstheorie）。

④ BGHSt 31, 170; BGH NStZ 1986, 264; BGHSt 33, 295; 35, 90.批判参见Schönke/Schröder/Eser/Bosch, §24 Rn. 15 ff.附有进一步的明证。

⑤ 对于上述情形界定实行终了的未遂与未实行终了的未遂的深入讨论参见LK/*Lilie/Albrecht*, 12.Aufl., 2006 ff., §24 Rn. 140 ff.

现的附加结果予以认可接受（间接故意）。严格遵循上述的中止界限说也并不会改变未实行终了的未遂的成立，因为上述理论取决于行为人所认知的实现构成要件的可能性。[①]然而针对A自身教训一下B的行为目标，成立实行终了的未遂也是易于理解的，因为A已经达到其目标，就这一点而言就不能再认为A是"放弃继续实行行为"。

12   赞成后一种意见的人认为，只有当没有引起构成要件结果对于行为人而言是一种"牺牲"时，依据《德国刑法典》第24条规定的免除刑罚[②]才显得有意义。如果行为人本来已经达到了他想达到的目的，那么他放弃继续实行行为能够被认定为未实行终了的未遂，从而可以很轻易地进一步被认定为犯罪中止的原因就不是很明显。在A看来，放弃继续向B开枪并不是放弃杀害B，而是没有实施一个对他没有吸引力的新的行为。因此应当主张，针对上述情况，虽然行为人认识到实现构成要件的可能性，但是他已达到首要致力的行为目标，因此不成立未实行终了的未遂，而成立实行终了的未遂。[③]

13   另外，在案情其他情节保持不变的情况下，如果A带有杀人故意（蓄意）实行其行为，则此处又成立未实行终了的未遂。如此一来，对具有杀人的间接故意，并且还带有另一个所致力的首要行为目标（教训）的行为人的评价反而会劣于对一个一开始就持杀人故意（蓄意）的行为人的评价。为避免这种

---

① 德国联邦最高法院第一刑事审判庭的观点参见 *BGH* NStZ 1990, 30。上诉参见 *BGH* NStZ 1989, 317。

② 以《德国刑法典》第24条为基础的最新思想参见LK/*Lilie/Albrecht*, 12.Aufl., 2006 ff.§ 24 Rn. 5 ff.

③ 德国联邦最高法院第二和第五刑事审判庭 *BGH* NStZ 1990, 77 f., 赞同评论参见 *Puppe*, NStZ 1990, 433; *BGH* NStZ 1991, 127 f.

评价矛盾，较好的做法是不以中期目标为准，而应看构成要件结果。①《德国刑法典》第24条的字面语义本身就能支持这种意见："犯罪行为"（Tat）指的是符合构成要件的行为以及符合构成要件的结果。虽然A在本案中按照自己的设想实现了首要的行为目标，但是他并没有在力所能及的范围内实行全部可能实现《德国刑法典》第212条、第211条构成要件之结果的行为，因此A不成立实行终了的未遂，而应成立未实行终了的未遂。

c）自愿性

对于未实行终了的未遂而言，行为人必须自愿地使行为不 **14**再继续进行。当行为人的行动源自其自律决定时，其行为就是自愿的。②动机的道德价值并不重要。相反，非自愿性是指存在独立于行为人意志的障碍事由（Hinderungsgründe）③，即他律性动机。显然，在本案中存在自愿性。因此可以肯定构成《德国刑法典》第24条第1款第一句第一种情形规定的中止。

6. 结论

可以认定，不能依据《德国刑法典》第212条、第211条、第22条、第23条的规定对A进行处罚。

（二）危险伤害罪，《德国刑法典》第223条第1款、第224条第1款

1. 客观构成要件

a)《德国刑法典》第223条第1款规定的客观构成要件

然而A可能构成《德国刑法典》第223条第1款、第224条 **15**

---

① 也可参见BGHSt 39, 221附有评论。Roxin, JZ 1993, 896.
② 参见弗兰克公式（Franksche Formel）："能而不欲为自愿"。对于自愿性的详细确定参见Maurach/Gössel/Zipf, AT/2, § 41 Rn. 179 ff.
③ 在这一点上弗兰克公式就可表述为"欲而不能不为自愿"。

第1款规定的危险伤害罪。对此，通过枪击B必须实现基本构成要件，亦即实现《德国刑法典》第223条第1款规定的乱待身体（第一种情形）或者损害健康（第二种情形）。乱待身体是指所有险恶、失当地给他人的身体安宁或身体完整性造成明显损害的行为。[1]遭受枪伤恰恰体现了这种情形。损害健康是指引起或加剧他人偏离于身体正常状态的病理状态。[2]而枪伤恰恰引起了病理状态。因此，A的行为符合伤害罪的客观构成要件。

b)《德国刑法典》第224条第1款规定的客观构成要件

16　　A的行为还可能实现了《德国刑法典》第224条第1款第2项第一种情形规定的加重构成要件。武器是指就其性质而言能给人体造成严重伤害的物体。[3]因此，左轮手枪属于《德国刑法典》第224条第1款第2项第一种情形意义上的武器。

17　　A的行为也可能实现了《德国刑法典》第224条第1款第3项规定的"阴险的突然袭击"。突然袭击指对毫不知情的被害人进行突发的、出乎意料的攻击。[4]当行为人为使受害人难以进行防卫，而有计划地掩饰其伤害意图时，即可认定这个突然袭击是阴险的。[5]由于A隐藏起来，有计划地利用了B受到的惊吓，所以构成阴险的突然袭击。

18　　然而问题在于，是否存在一个以危害生命的方式伤害他人的行为（《德国刑法典》第224条第1款第5项）。案情缺乏B遭受危害生命的伤害的根据。然而，如果某个行为在客观上已经

---

[1]　*Wessels/Hettinger*, BT I, Rn. 255.

[2]　*Wessels/Hettinger*, BT I, Rn. 257.

[3]　*Fischer*, § 224 Rn. 9d.

[4]　Schönke/Schröder/*Stree/Sternberg-Lieben*, § 224 Rn. 10.

[5]　Schönke/Schröder/*Stree/Sternberg-Lieben*, § 224 Rn. 10.

适格引发抽象的生命危险，就足以符合《德国刑法典》第224条第1款第5项规定的构成要件，不需要出现具体的生命危险。[1]这里可以肯定此种行为的存在。由此，A的行为也实现了《德国刑法典》第224条第1款第5项规定的构成要件。

2. 主观构成要件

此外，依据《德国刑法典》第15条的规定，A在行为时必须具有故意。依照通说，每一个杀人故意都涵括了伤害故意（同一说）[2]，由此符合伤害罪的主观构成要件。此外，A对《德国刑法典》第224条第1款第2项、第3项和第5项规定的构成要件要素也具有故意。主观构成要件得以符合。

19

3. 违法性与罪责

A的行为违法且有责。

4. 结论

A构成《德国刑法典》第223条第1款、第224条第1款规定的危险伤害罪。谋杀罪未遂的中止不涵括危险伤害罪的既遂。[3]

（三）不进行救助罪，《德国刑法典》第323c条

A逃离了案发现场，没有对受枪伤的B进行救助，涉嫌触犯《德国刑法典》第323c条的规定，可能构成不进行救助罪（Unterlassene Hilfeleistung）。对于B而言，A的枪击是一个给人或有价值的财物带来巨大危险的突发事件，符合《德国刑法典》

20

---

[1] 参见 *Wessels/Hettinger*, BT 1, Rn. 282; LK/*Lilie*, 11.Aufl., 1992 ff.§ 224 Rn. 36; 其他观点参见 Schönke/Schröder/*Stree/ Sternberg-Lieben*, § 224 Rn. 12。

[2] BGHSt 16, 122; 21, 265.几乎不再主张采纳伤害故意与杀人故意间具有排除关系的对立说（Gegensatztheorie）。

[3] *Lackner/Kühl*, § 24 Rn. 23.

第323c条意义上的意外事故（Unglücksfall）。[①]对此进行救助是必要的。然而问题在于，能否期待A对受害者进行救助，因为如果这样做他就会面临刑事追诉。此外，期待一个作为犯的行为人在其行为实施后对受害人进行救助是很怪异的。逃离现场所蕴含的不法已被主动行为的刑事可罚性所涵括，这就否定了《德国刑法典》第323c条规定的构成要件的实现。[②]然而这个问题可以搁置不议，因为无论如何《德国民法典》第323c条相对于先前依据《德国刑法典》第223条第1款、第224条第1款第2项、第3项和第5项规定构成的作为犯属于补充关系。[③]

（四）遗弃罪，《德国刑法典》第221条第1款第2项

21 　　A把受伤的B留在了案发现场，涉嫌触犯《德国刑法典》第221条第1款第2项的规定，可能构成遗弃罪（Aussetzung）。A必须使B处于无助状态。无助意味着不能在具体的生命或者身体危险来临时运用自身的力量保护自己。[④]B虽然被击中肩膀，但是案情并没有明确说明他陷入《德国刑法典》第221条规定的无助状态。所以A不构成遗弃罪。

（五）损坏财物罪，《德国刑法典》第303条第1款

1. 构成要件

a）客观构成要件

22 　　A用枪射穿了B汽车的挡风玻璃，涉嫌触犯《德国刑法典》

---

① *Haft*, BT II, R 2a.

② 参见 *OLG Celle* NJW 1970, 341。

③ BGHSt 3, 65, 67 f.; 14, 282, 286.

④ 限缩观点则认为仅具体的生命危险适用于《德国刑法典》第221条，参见*Mitsch*, JuS 1994, 555。

第303条第1款的规定，可能构成损坏财物罪。为此，A必须损坏或者毁坏了他人财物。对于A而言，B的汽车是他人财物。财物被损坏意味着其状态遭到严重的不利改变。[1]枪击挡风玻璃不利地损害了汽车的状态，因此A的行为符合损坏财物罪的客观构成要件。

b）主观构成要件

此外，A在行为时必须具有故意。可以肯定其行为具有损坏故意。 **23**

2.违法性与罪责

A的行为违法且有责。

3.结论与竞合

依据《德国刑法典》第303条第1款的规定，A构成损坏财物罪。如果告诉成功（《德国刑法典》第303c条），该罪与行为人同一个自然行为构成的《德国刑法典》第223条、第224条规定的危险伤害罪成立《德国刑法典》第52条的犯罪单数，从一重处罚。[2]

（六）侵犯居住安宁罪，《德国刑法典》第123条第1款

A在B的车库门前开了枪，涉嫌触犯《德国刑法典》第123 **24** 条第1款第一种情形的规定，可能构成侵犯居住安宁罪。

为此，A必须是B住宅的侵入者。住宅（Wohnung）是指主要用于人们持续居住或使用的空间整体。[3]车库也被包含在内。[4]

---

[1] *Kindhäuser*, BT II, § 20 Rn. 9.
[2] 也可以认为《德国刑法典》第303条在这里处于补充地位。
[3] RGSt 12, 132, 133.
[4] 参见LK/Lilie, 12 Aufl., § 123 Rn. 11中的范例。

然而问题在于，A是否侵入了车库。依照通说，侵入意味着行为人违背权利人意志，其身体至少部分地[1]进入受保护的空间。[2]本案中，行为人并未进入车库，其行为不符合侵入的意义。然而可以争辩，向一个受保护的空间开枪就和未经允许进入一样（甚至更为严重地）侵犯了房屋权，可将其与身体侵入等同。[3]然而这种论证却与动词"侵入"的明确语义相悖。因此在本案中必须否定侵入行为的存在。

（七）最终结论

25   A构成《德国刑法典》第223条第1款、第224条第1款第2项、第3项和第5项的危险伤害罪，第303条第1款的损害财物罪，二者成立《德国刑法典》第52条的犯罪单数（想象竞合，从一重处罚）。依据《德国刑法典》第303c条的规定，损坏财物罪告诉才处理。

四、案例评价

本案偏难。在分析案例时必须首先设置一个明确的重点。

案例分析要始于对谋杀罪未遂的检验，要对阴险概念具有争论的解释进行探讨。然而检验重点应放在可能的犯罪中止上，其核心问题在于究竟存在实行终了的未遂还是未实行终了的未遂。学生需要认识到的问题是A只想教训一下B，因此应成立实行终了的未遂。依据中止界限说则可以得出另一种结论，即不

---

[1] 可以考虑将脚踏进门口的情形。

[2] *Haft*, BT II, C 12 c; *Rengier*, BT II, § 30 Rn. 8f.

[3] 也可参见 Maurach/Schroeder/Maiwald, BT/1, § 30 Rn. 13 列举的案例。

应针对行为人本身的目标（教训B），而是着眼于构成要件的实现。学生应对这种观点冲突进行讨论，最终关键（就如同平时分析法律案例那样）并不在于采纳哪种结论，而是如何表述论证过程。

在检验危险伤害罪后，还要简短地探讨一下其他可能的附随犯罪（Begleitdelikte）。不过它们并不涉及特别的问题。

司法实践中的重要判例： 德国联邦最高法院先前主张的犯罪行为计划说：BGHSt 10，129（Flachmannfall）；BGHSt 22，176（Rohrzangenfall）；BGHSt 22，330；今日主张的中止界限说：BGHSt 31，170；BGHSt 33，295（Schläfenschussfall）；BGH NStZ 1986，264（Benzinfall）；教训问题以及未遂中止：BGH NStZ 1990，77；BGH NStZ 1991，127；BGH JZ 1993，359.

案例13：棒击建议

关键词：故意杀人罪；伤害罪；未遂；正犯与共犯；教唆犯；帮助犯；
　　　　客观归责
难　度：偏难

一、案情

A计划将B"暴打一顿"。A就如何才能顺利地实施计划向C
寻求建议。C对A说在何时何地伏击B最好，考虑到B的身体相
当强壮，C建议A使用一根木棒作为武器。

A接受了C的建议，当B途经其潜伏地点时，A突然从藏身
之处跳出，并用木棒对准B的头部用力一击。就在木棒即将落
在B头上的时候，偶然经过的D正好看到B身处险境，为了救
人，D用自己的身体将B撞向一旁。因此A最终没有击中B的头
部，只打中了B的肩膀，造成B肩部受伤。

试问A、C、D的刑事可罚性？

二、分析提纲

三、案情分析

（一）A 的刑事可罚性

1. 故意杀人罪未遂，《德国刑法典》第212条第1款、第22条、第23条第1款

A 力图击打B的头部，涉嫌触犯《德国刑法典》第212条第1款、第22条、第23条第1款的规定，可能构成故意杀人罪未遂。 **1**

a）未遂的刑事可罚性

首先犯罪未遂必须可罚。依据《德国刑法典》第23条第1款的规定，如果涉及的罪名属于重罪，则其未遂一律可罚。依据《德国刑法典》第12条第1款的规定，重罪指的是法定最低刑为1年或1年以上自由刑的违法行为。《德国刑法典》第212条第1款规定的故意杀人罪的法定最低刑为5年自由刑，因而属于重罪。依据《德国刑法典》第23条第1款的规定，故意杀人罪未遂可罚。

b）没有既遂

B 仍然活着，所以《德国刑法典》第212条第1款规定的构成要件结果并未出现，行为没有既遂。 **2**

c）行为决意

A 必须具有行为决意。行为决意包括实现构成要件的故意（《德国刑法典》第15条）以及其他可能存在的主观构成要件要素。①《德国刑法典》第212条第1款要求 A 必须具有杀人故意， **3**

---

① 比如《德国刑法典》第211条规定的贪婪和杀人嗜好或者《德国刑法典》第242条第1款、第263条第1款规定的特别"目的"。参见 Wessels/Bulke/Satzger, AT, Rn. 598。

且不涉及特别的主观构成要件要素。然而，A的出发点仅仅是将B"暴打一顿"，该意欲内容更接近于伤害。不存在明显的证据表明，A已经突破杀人故意之前的心理门槛（Hemmschwelle）。因而A不具有杀人故意，也就不具有《德国刑法典》第212条、第22条、第23条意义上的杀人之行为决意。因此，A不构成故意杀人罪未遂。

2. 危险伤害罪，《德国刑法典》第223条第1款、第224条第1款

4　　A对B肩膀的伤害涉嫌触犯《德国刑法典》第223条第1款、第224条第1款的规定，可能构成危险伤害罪。

a）构成要件

aa）基本构成要件的客观构成要件，《德国刑法典》第223条第1款

① 乱待身体和损害健康

A的行为首先需要符合基本构成要件，即《德国刑法典》第223条第1款规定的客观构成要件。此处要求存在《德国刑法典》第223条第1款第一种情形规定的乱待他人身体，或者第二种情形规定的损害他人健康。乱待身体指的是所有险恶、失当地给他人的身体安宁或身体完整性造成明显损害的行为。[①]B被A用木棍全力击中，这一击打十分沉重，以至于B的肩膀受伤。A的行为给B带来了极大疼痛，因而也给B的身体安宁造成了严重损害。损害健康是指引起或加剧他人偏离于身体正常状态的病理状态，即便该影响只是暂时性的。[②]在与A的对抗中，B的

---

① *Fischer*, § 223 Rn. 4.

② *Fischer*, § 223 Rn. 8.

肩膀受伤。受伤同时也是一种病理状态。因此，A 对 B 肩膀的击打同时实现了《德国刑法典》第 223 条第 1 款第一种情形和第二种情形规定的客观构成要件。

② 客观归责

问题在于，构成要件结果能否归责于 A。构成要件结果在客观上可归责于行为人指的是行为人创设了法所不允许的危险，并且该危险在具体结果中得以实现。[①] 此处却由于 D 的行为而缺乏法所不允许的危险，因为当第三人对新的、独立的对结果产生影响的危险完全负责，并且该危险最终在具体结果中实现时，前一个引起危险的人的责任（Verantwortung）原则上已经结束。[②]

仅当相关案情存在疑难[③]的时候，才会涉及对客观归责的论述。本案中涉及第三人自我答责地介入，所以属于非典型的因果进程。

D 的介入导致 B 的肩膀受到重击，由此可将 D 的介入视为新的危险。一般来说，在这类存在第三人介入的场合，只有当第三人的行为与初始危险之间具有特定性关联，以至于该行为看上去就是典型的创立于初始危险时，才能认为第三人行为具有客观归责可能性。[④] D 的介入只是为了防卫 A 对 B 的攻击，避免 B 受到伤害。因而 D 的行为并没有给 B 创设新的或者独立的危险，而是处于 A 创立的攻击行为之内，并且降低了已经存在的危险程度。由此可见，并不能将 D 的介入评价为归责关联的中

---

① *Fischer*, Vor § 13 Rn. 25.

② *Wessels/Beulke/Satzger*, AT, Rn. 192.

③ 参见 *Wessels/Beulke/Satzger*, AT, Rn. 179。

④ *Otto*, AT, § 6 Rn. 58.

断。即便出于纯价值性的评断，如下结论也应是正确的：在被害人面前的是持保护立场的第三人，且第三人行为造成的其他损害至少比加害人A原先蓄意的损害要轻微，这时就很难断言与A的"作品"无关。

6　　如果A创设的危险没有在结果中实现，则不存在客观归责。所谓"非典型的因果进程"，即所出现的结果完全超出了对事件通常发展以及日常生活经验可预见的范围。[①]在这类情形下，法秩序不谴责行为人，因为结果的出现无法按照理性方式计算。在此可以主张，D导致B肩膀受伤的行为也属于"非典型的因果进程"。然而，并不能将第三人为解救正受攻击的被害人而致使被害人出现肩膀受伤的结果评价为超出日常生活经验。此外，从价值判断来说，D超乎寻常的见义勇为行为也不应带来有利于A的评价，所以B受到的伤害在客观上可归责于A。

bb）加重构成要件的客观构成要件，《德国刑法典》第224条第1款

① 危险工具，《德国刑法典》第224条第1款第2项第二种情形

7　　在《德国刑法典》第223条第1款规定的基本构成要件的基础之上，还可考虑适用《德国刑法典》第224条第1款第2项第二种情形规定的加重构成要件。根据通行定义，危险工具是指就其客观属性及其具体的使用方式而言，能够造成严重身体伤害的物体。[②]用木棒击向他人头部，不仅在客观上足以致使他人受到重大伤害，而且在案情中也通过B的肩部受伤得以体现。

---

① *Wessels/Beulke/Satzger*, AT, Rn. 196.

② *Fischer*, § 224 Rn. 9.

因此，A使用的是《德国刑法典》第224条第1款第2项第二种情形意义上的危险工具。

② 阴险的突然袭击，《德国刑法典》第224条第1款第3项

此外A的行为还可能符合《德国刑法典》第224条第1款第3项意义上的阴险的突然袭击。突然袭击指的是对毫不知情的被害人进行突发的、出乎意料的攻击。[①]当A从其藏身之处跳出意图袭击B的时候，B并不知道自己的身体安宁存在危险。阴险的突然袭击意味着行为人按照计划掩饰了自己的伤害意图，从而使被害人难以进行防卫。[②]仅仅利用出其不意的时机本身并不能完全被认定为阴险的突然袭击，行为人还必须为掩饰计划发起的攻击做更多准备[③]，譬如在某处伏击。[④]本案中A之所以都是为了掩饰自己要袭击毫不知情的B的意图：在和C商讨过后，A选取在某处躲藏，并等待被害人经过从而发起攻击。正如计划中的那样，这种行为方式让B难以进行防卫。A由此符合加重构成要件要素，即《德国刑法典》第224条第1款第3项规定的阴险的突然袭击。

③ 与他人共同实施伤害行为，《德国刑法典》第224条第1款第4项

还可考虑的是A与C共同实施伤害行为。在此，对"与他人共同实施伤害行为"（gemeinschaftliche Begehung）这一构成要件要素的解释至关重要。主流观点认为，《德国刑法典》第224条第1款第4项要求至少有两名行为人出现在现场。[⑤]之所以将

[①] *Wessels/Hettinger*, BT I, Rn. 279.

[②] *Lackner/Kühl*, § 224 Rn. 6.

[③] *Wessels/Hettinger*, BT I, Rn. 279.

[④] *BGH* GA 1969, 61.

[⑤] *Fischer*, § 224 Rn. 11.

共同行为设定为加重构成要件，是因为由多人发起的攻击会提升对被害人的危险性，被害人会因为攻击者的数量而感到胆怯，从而不敢防卫攻击。[1]不过，本案中A和C并非同时出现在犯罪现场，所以对B来说攻击者数量的增加并未导致危险提升。由此并未符合《德国刑法典》第224条第1款第4项规定的前提。

④ 以危害生命的方式伤害他人，《德国刑法典》第224条第1款第5项

10　　如果伤害行为在具体情境下从客观上足以将他人生命置于危险之下，则可认定该行为是以危害生命的方式伤害他人；此处并不要求该伤害实际造成生命危险。[2]根据这种抽象的考查方式，用木棒向他人头部重击必定威胁他人生命安全，这种击打在某些情况下可能导致脑出血、血液凝块或者脑震荡等对他人生命的严重威胁。因此，A使用木棒袭击B的头部符合《德国刑法典》第224条第1款第5项规定的构成要件。

cc）主观构成要件

11　　依据《德国刑法典》第15条的规定，A在行为时必须具有故意。故意指的是对所有符合构成要件的情状存在认识，实现构成要件的意欲。[3]因而所需之构成要件故意包括意欲要素和认知要素。此处A必须对《德国刑法典》第223条、第224条规定的客观构成要件具有故意。就《德国刑法典》第223条规定的基本构成要件而言，A想用木棒将B"暴打一顿"，也就是有导致B身体受伤的意图。此外A同样也蓄意实现了《德国刑法典》

---

① *Fischer*, § 224 Rn. 11a.

② *Wessels/Hettinger*, BT I, Rn. 282.

③ *Wessels/Beulke/Satzger*, AT, Rn. 203.

第224条第1款第2项第二种情形、第3项规定的加重构成要件：由于B的身体相当强壮，用木棒阴险的突然袭击B属于A计划的一部分。A的攻击是以危害他人生命的方式给被害人造成抽象的生命危险，依据《德国刑法典》第224条第1款第5项的规定，只要行为人能认识到攻击足以给他人带来生命危险的可能性，即可肯定其具有主观故意。[①] 虽然案情并未提到A的明确想法，但依照日常生活经验，从他计划攻击B的头部可以推断出，他应该对行为可能的危险性有正确的预估。因此A对自己的攻击既有认知也有意欲。《德国刑法典》第15条规定的故意由此成立。

b）违法性与罪责

根据案情事实，A的行为违法且有责。 **12**

c）结论

依据《德国刑法典》第223条第1款及第224条第1款第2项第二种情形、第3项和第5项的规定，A构成危险伤害罪。

3. 对A刑事可罚性的最终结论

依据《德国刑法典》第223条第1款及第224条第1款第2项第二种情形、第3项和第5项的规定，A构成危险伤害罪。

（二）C的刑事可罚性

1. 危险伤害罪的教唆犯，《德国刑法典》第223条第1款、第224条第1款、第26条

C教唆A使用木棒伏击B，涉嫌触犯《德国刑法典》第223 **13** 条第1款、第224条第1款、第26条的规定，可能构成危险伤害

---

① BGHSt 19, 352; *Fischer*, § 224 Rn. 13.

罪的教唆犯。

a）构成要件

aa）客观构成要件

依据《德国刑法典》第223条第1款、第224条第1款、第26条的规定，就客观方面而言，教唆犯的刑事可罚性以存在故意且违法地实现构成要件的主行为以及教唆者的教唆行为为前提。

① 故意且违法的主行为

14　　《德国刑法典》第26条规定了对教唆犯的处罚与正犯相同的共犯从属性原则（Akzessorietätsgrundsatz），而本案的正犯A已经实现了《德国刑法典》第223条第1款及第224条第1款第2项第二种情形、第3项和第5项规定的构成要件，且行为具有违法性。所以《德国刑法典》第26条规定的相关前提已经满足。

② 教唆行为

15　　依据《德国刑法典》第26条的规定，教唆者必须"唆使"正犯实施犯罪。"唆使"指的是引起行为决意。①问题是本案中A先前已经决定将B"暴打一顿"，所以能否认定C的教唆犯是存在疑问的。已有具体行为决意之人（omnimodo facturus）不能再被教唆。

如果行为人本身已有行为决意，则教唆者只能依据《德国刑法典》第30条第1款的规定成立教唆未遂，或者依据《德国刑法典》第27条的规定成立帮助犯。而教唆未遂依据法条明文规定（《德国刑法典》第30条第1款）只在重罪时才可罚。

---

①　*Wessels/Beulke/Satzger*, AT, Rn. 568; *Zieschang*, S.191.

本案中A已经决定实施《德国刑法典》第223条规定的伤害罪，所以C不构成伤害罪的教唆犯。然而，A在与C商量之后，决定用木棒实施犯罪行为，并且事先潜伏起来伺机突然袭击B。因为C建议用隐秘的方式行事，并且使用木棒实施行为，导致A在《德国刑法典》第223条规定的伤害罪的基础上，又萌生了实施《德国刑法典》第224条规定的加重构成要件的行为决意。C这种"教唆"他人实施程度"更高"的危险伤害罪的形式，是否仍需要负教唆犯的法律责任（haftbar），存在极大争议。

需要区别的是另外一种情况，即行为人在教唆者的影响下实行完全不同的犯罪（如放弃盗窃改为敲诈勒索）。此处可以毫无困难地认定构成教唆犯，因为新的犯罪有着完全独立的不法内涵。

如果行为人本决定实施加重构成要件，但受他人影响转而实施基本构成要件（譬如放弃实施危险伤害，转而实施伤害），则又是另外一种情形。这里同样不构成教唆犯，因为行为人对相对较轻的犯罪也已经有了行为决意。

对此，第一种观点认为，加重构成要件已经改变了犯罪的同一性（Tatidentität），所以可以且有必要彻底作出新的评价。加重构成要件具备完全独立的不法内涵，而不仅仅是简单的不法叠加。由此相对于基本构成要件来说，加重构成要件是"新"的犯罪；虽然不再可能构成基本构成要件的教唆犯，但还可以在行为人已有意图的基础上构成加重构成要件的教唆犯。因此，教唆已有基本构成要件行为决意之人去实施加重构成要件，应以加重构成要件的教唆犯对其进行处罚。^①本案中，A本来已经决定实施基本构成要件（《德国刑法典》第223条），所以对C而言，仍可构成《德国刑法典》第224条规定的加重构成要件的教唆犯。

17　　第二种观点认为，如果行为人所犯罪行中有一部分是受他人教唆，则只有在其事先对此部分不具有行为决意时，才能构成教唆犯。^②而且，该部分要符合一个独立的犯罪构成要件，才可归罪于教唆者。因而此处必须区分对犯罪独立部分的教唆和对犯罪整体的帮助。《德国刑法典》第26条要求的是"引起"，而"加重"并不等于"引起"。如果行为人事先对基本构成要件已有行为决意，则不能以教唆犯对教唆其实施加重构成要件的人进行处罚。只有在教唆内容与原先内心决意"不同"，而非"更高程度"的情形下，才能构成教唆犯。如果教唆内容相比行为人原先的内心决意只是"更高程度"，则只能因精神性帮助而构成帮助犯。依照这种观点，由于《德国刑法典》第224条规定的加重构成要件相对于第223条规定的基本构成要件而言只是"更高程度"，而非独立的构成要件，所以教唆已有基本构成要件行为决意之人实施加重构成要件，不能构成教唆犯。

18　　第三种观点认为，应通过不法内涵的实体标准认定加重构成要件和基本构成要件是否属于同一犯罪，即是否具有犯罪同一性。^③如果不法在具体层面上有所提升，则对整体犯罪的教唆仍是可能的，因为行为人事先对该具体犯罪并无行为决意。在

---

① 比如BGHSt 19, 339; *Fischer*, § 26 Rn. 5。
② 见Schönke/Schröder/*Heine/Weißer*, § 26 Rn. 9; SK/*Hoyer*, § 26 Rn. 19 f.
③ *Maurach/Gössel/Zipf*, AT/2, § 51 Rn. 38 ff.; *Jäger*, AT, Rn. 257; BGHSt 19, 339.

攻击中使用木棒的建议极大地增加了对手无寸铁的B的伤害危险，并且对额外的法益造成威胁。如果按照A原先的计划，受到威胁的只有B的身体完整性，但A采纳了C的棒击建议，将B的生命法益也置于威胁之下。这恰恰是不法内涵提升的情形。依照该理论，《德国刑法典》第224条规定的加重构成要件的教唆犯是可以成立的。

第四种观点认为，教唆已有实施基本构成要件行为决意之 **19** 人实施加重构成要件，仅在实际犯罪和原先决意实质偏离的情况下，才能构成教唆犯。[①]该理论认为，犯罪同一性的认定标准有许多抽象且不确定的因素。该处理方式会导致与因果关系的认定类似的问题，因而可以类比适用区分实质性的和非实质性的因果进程偏离的规则。当加重构成要件已然实现的时候，还需要额外查明，是否存在与基本构成要件的实质偏离。评判是否属于实质偏离，最终需要追问，该改变是否足够剧烈，以至于需要对整体犯罪进行重新评价，即犯罪的性质是否发生了根本改变。A以躲起来突然用木棒袭击的方式，扭转了他本来在B面前的力量劣势，明显改变了他和对手之间的局面：如果按照A原计划的行为方式，B面对攻击还有防卫的可能，也完全不会有机会遭到背后偷袭。考虑到对B法益侵害的危险的显著提升，可以认定加重构成要件的实现已经实质偏离了原先的基本构成要件。

以上几种观点，只有第二种观点会得出与其他几种观点不 **20** 同的结果。反对该立场的观点认为，该观点依靠形式的教义学考查方式区分各种不同的构成要件，起决定作用的是所涉构成

---

① *Gramer*, JZ 1965, 32; *Schulz*, JuS 1986, 938.

要件的"独立性"。这种标准存在很大问题：举例来说，教唆者教唆本有盗窃行为决意之人实施抢劫，可以被认定为教唆犯；但教唆者教唆想抢劫他人的人使用武器抢劫，却不能被认定为教唆犯。[①]从各种犯罪的不法内涵来看，也很难解释，为什么教唆小偷抢劫老妇人的手提包（《德国刑法典》第249条）可以构成教唆犯，而教唆抢劫者使用危及他人生命的武器抢劫（《德国刑法典》第250条）却不能构成教唆犯。[②]上述观点会导致价值评判上的矛盾，所以此处不予支持。[③]

21　综上所述，可以成立《德国刑法典》第224条第1款规定的加重构成要件的教唆。C引起了A实施《德国刑法典》第224条规定的危险伤害罪的行为决意，因此C的行为符合《德国刑法典》第26条规定的教唆行为。

bb）主观构成要件

22　依据《德国刑法典》第15条、第26条的规定，C在主观方面须具有"双重教唆故意"。C不仅对故意且违法的主行为的实施和既遂具有故意，也对自己的教唆行为具有故意。[④]为使A更有效地实施他的犯罪行为计划，C给出了相应建议。C知道他的建议会对A的意思形成产生何种影响，而且他希望A可以成功。因此，C具有《德国刑法典》第15条、第26条意义上的故意。

b）违法性与罪责

C的行为违法且有责。

---

①　*Baumann/Weber/Mitsch*, AT, § 30 Rn. 35.

②　*Roxin*, AT II, § 26 Rn. 107.

③　自然可主张另外一种观点。

④　*Wessels/Beulke/Satzger*, AT, Rn. 572；延伸阅读参见*Baumann/Weber/Mitsch*, AT, § 30 Rn. 36 ff.

c）结论

依据《德国刑法典》第223条第1款，第224条第1款第2项第二种情形、第3项和第5项，第26条的规定，C构成危险伤害罪的教唆犯。

2. 危险伤害罪的帮助犯，《德国刑法典》第223条第1款，第224条第1款第2项第二种情形、第3项和第5项，第27条

还需要考虑C是否构成危险伤害罪的帮助犯，因为C的建议至少给A提供了精神上的帮助。不过该问题可以不作探讨，因为即便依据《德国刑法典》第223条第1款、第224条第1款、第27条的规定构成帮助犯，也会被作为教唆行为的补充而排除适用。

3. 对C刑事可罚性的最终结论

依据《德国刑法典》第223条第1款、第224条第1款、第26条的规定，C构成危险伤害罪的教唆犯。

如果支持上文第二种观点，认为C不构成教唆犯，则C也因其对A的精神性帮助，而依据《德国刑法典》第223条第1款、第224条第1款、第27条的规定，构成危险伤害罪的帮助犯。

（三）D的刑事可罚性

1. 危险伤害罪，《德国刑法典》第223条第1款、第224条第1款

D将B撞向一旁，并致B的肩膀被A的木棒击中，涉嫌触犯《德国刑法典》第223条第1款、第224条第1款的规定，可能构成危险伤害罪。

a) 构成要件

《德国刑法典》第223条要求的构成要件结果已然以B肩膀受伤的形式出现。根据条件公式，如果D没有将B撞向一旁，结果的具体形态，即肩膀受伤就不会出现，所以D的介入行为和B的受伤之间存在因果关系。

然而，该结果是否在客观上可归责于D，仍存在疑问。如果行为人没有创设法所不允许的危险，而是降低了原有的因果进程可能带来的对被害人法益的侵害危险，冲淡了第三人攻击带来的负面影响，并且没有为被害人创设独立的、其他种类的危险，则不应存在客观归责。①

25　　上述事实可以被归入非典型的因果进程的情形。只有行为人提升了出现具体结果的危险，才能认为行为人创设的危险得以实现。

D将B撞向一旁，使B躲开A的攻击。B的肩膀虽然被木棒击中，但他躲开了原本对其脆弱且要害的头部的袭击。D的介入降低了原先存在的、由A的袭击带来的危险。因而D没有创设法不允许的危险，而是与已经存在的危险相连，并且为达到救人的目的也没有创设新的、其他种类的危险。因此B所受的伤害不能在客观上归责于D。②

b) 结论

D不构成《德国刑法典》第223条第1款、第224条第1款规定的危险伤害罪。

① *Wessels/Beulke/Satzger*, AT, Rn. 196.
② 对客观归责理论的质疑参见案例4。本案可以考虑检验B的推定的同意（mutmaßliche Einwilligung）来否定客观归责理论。

2. 对D刑事可罚性的最终结论

D无罪。

四、案例评价

本案偏难。重点在客观归责问题及正犯与共犯的复杂处理上。

在检验A的刑事可罚性时，应简要论述自我答责的第三人D的介入是否中断了原有的因果进程，其他地方不需要特别的注意。在检验C作为危险伤害罪的教唆犯的刑事可罚性时，应当论述教唆原本已有实施基本构成要件行为决意之人实施加重构成要件的问题情境。这里必须说明，A已经有实施《德国刑法典》第223条第1款规定的基本构成要件的行为决意，所以他人无法再对此进行教唆。所以接下来要考虑的是，只有在对加重构成要件的教唆本身可罚的时候，才能处罚C的教唆行为，这就需要对各种观点进行陈述。在考试中，该问题包含以下不同情形：

（1）行为人本有实施A犯罪的行为决意，被教唆实施B犯罪：此时可以毫无疑问地认定教唆犯的成立。

（2）行为人本有实施基本构成要件的行为决意，被教唆实施该犯罪的加重构成要件［加重教唆（Aufstiftung）］：此时正如本案一样在法律处理上存在争议。

（3）行为人本有实施基本构成要件及其加重构成要件的行为决意，但只受到实施基本构成要件的教唆［减轻教唆（Abstiftung）］：此时只能考虑因对犯罪（精神性）的帮助而成立帮助犯，因为行为人对基本构成要件已有行为决意。

（4）行为人本有实施某犯罪的行为决意，但经他人教唆，改变了行为的方式方法、行为对象或实施行为的时间点［转变教唆（Umstiftung）］：这里也只能因（精神性的）帮助而成立帮助犯，因为行为人已有对该犯罪的行为决意。

在检验D的刑事可罚性时，需要在客观归责这一层面指明存在非典型的因果进程。D不但没有在法关注的范围内提升具体结果出现的危险，反而降低了危险，由此可以排除D的刑事可罚性。

司法实践中的重要判例： BGHSt 19, 339; BGH NStZ-RR 1996, 1.

其他延伸阅读： *Roxin*, AT I, Rn. 105 ff.

案例14：拳击

关键词：伤害罪；参与斗殴罪；侮辱罪；强制罪；未遂；同意；挑唆防卫

难　度：偏难

一、案情

　　A和B争夺县拳击锦标赛冠军。第一轮比赛时A已遭受重击，但他不想输掉比赛，所以数次蓄意用手肘撞击B的脸。拳击裁判并没有注意到A的动作。第二轮比赛之前，A在一只拳击手套的底侧藏了一片很小但边缘锋利的金属碎片。而A之所以能够这么做，是因为他的教练C从旁帮助，以求尽快技术击倒对手取得胜利。B对裁判在第一轮比赛中的毫无作为感到愤怒，并决定自己也不再严格遵守规则。但B并不知道A在拳击手套上做了手脚。当再次比赛的锣声响起，B马上对准A腰围以下部位打了一记重拳。A倒在地上，B也因此被剥夺参赛资格。

　　B对自己被剥夺参赛资格一事怀恨在心，当晚纠集若干朋友到A庆祝获胜的酒馆寻求报复。B知道双方可能会发展为斗殴，但对此也乐观其成。A看见B之后，要求B立刻从他眼前消失，B却取笑了A。接下来A开始动手攻击B，随后二人陷入激烈的斗殴中。双方各自的支持者也为二人加油助威。B在争斗中处于上风。A被打掉了几颗门牙，脸上也留下了颇深的伤口。留下的疤痕经过一次整容手术也未能完全去除。

　　试问A、B、C的刑事可罚性？

二、分析提纲

三、案情分析

（一）第一组行为：第一轮比赛

　　1.A的刑事可罚性

　　a)危险伤害罪,《德国刑法典》第223条第1款、第224条第1款

1　　　A用手肘撞击B,涉嫌触犯《德国刑法典》第223条第1款、

第224条第1款的规定，可能构成危险伤害罪。

aa）构成要件

①客观构成要件

A必须实施乱待他人身体或损害他人健康的行为。《德国刑法典》第223条第1款第一种情形规定的乱待身体指所有险恶、失当地对他人的身体安宁或身体完整性造成明显损害的行为。[①]通过手肘对他人脸部的攻击毫无疑问符合该情形。[②]是否存在损害健康，即引起或加剧他人偏离于身体正常状态的病理状态（第二种情形）[③]，则因缺乏必要事实细节而无法确认。

问题在于，A的行为是否也符合《德国刑法典》第224条第1款规定的危险伤害罪的客观构成要件，其中第224条第1款第2项尤其值得考虑。该项要求使用武器或者"其他危险工具"伤害他人，那么A的手肘就需要属于该项意义上的武器或危险工具。一个工具是"危险"的，即意味着就其客观属性及其具体的使用方式而言，能够造成严重的身体伤害。[④]对于手肘能否被视为"危险工具"，可以论说蓄意用手肘撞击他人与使用典型的伤人武器如棍棒、拳刺等对他人造成的伤害处于同等程度。然而，学界主流观点认为，从《德国刑法典》第224条第1款第2项的字面语义来看，必须涉及对外物的使用才能符合构成要件；如果仅涉及对身体某个部分的利用，则不足以符合构成要件。[⑤]若遵循上述观点，则此处不符合《德国刑法典》第224条第1款

2

---

① BGHSt 25, 277, 278, *Rengier*, BT II, § 13 Rn. 7.

② 也可参见 *OLG Düsseldorf* NJW 1994, 1232（挥拳打脸）；*BayObLG* NJW 1991, 2031（耳光）。

③ *Fischer*, § 223 Rn. 8.

④ Lackner/Kühl, § 224 Rn. 5 附有进一步的明证。

⑤ *Lackner/Kühl* § 224 Rn. 3；LK/*Lilie*, 11.Aufl., 1992 ff, § 224 Rn. 25.

第2项的规定。

3　　然而通说却不这么认为，通说认为日常语义标准并不排斥在特定情况下将身体某一部分解释为"工具"。运用目的解释方法也会得出相同的结论，因为《德国刑法典》第224条存在的意义就在于总结出实行方式特别危险的伤害行为类型。[1]至于提升的危险由身体某部分还是身体外某物体实现，并不是决定性的。A肘击他人脸部的行为已经可以构成对他人眼部或头部的严重伤害，因而A的行为可以确认符合《德国刑法典》第224条第1款第2项的规定。[2]

4　　此外A的行为还可能符合《德国刑法典》第224条第1款第5项规定的以危害生命的方式伤害他人。本案中并没有提到肘击是否给B的生命带来具体的危险。不过对该项的认定并不取决于此，而是取决于行为方式能否在一般意义上对被害人的生命造成威胁。[3]不过即便如此，根据现有事实也无法认定存在这种威胁。《德国刑法典》第224条第1款第5项得以排除适用（该问题最终属于事实问题）。

　　②主观构成要件

5　　依据《德国刑法典》第15条的规定，A在行为时必须具有故意，即对客观构成要件具有认知和意欲。[4]在本案中，A既对险恶、失当的行为具有故意，也对使用危险工具具有故意，构成要件据此已然实现。

---

① Schönke/Schröder/*Stree/Sternberg-Lieben*, §224 Rn. 1; 也可参见 *Hilgendorf*, ZStW 112（2000），822.

② 只要给出充分论证，当然也允许在闭卷考试或者学期作业中赞同某种非主流观点。也可参见案例11中的分析。

③ 即通说观点，参见 Schönke/Schröder/Stree/Sternberg-Lieben, §224 Rn. 12。

④ 参见 *Fischer*, §15 Rn. 3。

bb）违法性与罪责

A的攻击有可能通过B的阻却违法的同意排除违法性。但是 **6** 在拳击比赛中，同意不可能涵括像A这样严重犯规的行为，如此就没有必要进一步检验A的行为是否符合阻却违法的同意的前提条件。A的行为违法，他也有责地实施了行为。

一般认为，体育竞技比赛中受到的典型伤害存在参与者的默示同意。但他人故意且严重犯规的侵害行为不在同意的涵括范围之内。

b）结论

依据《德国刑法典》第223条第1款第一种情形、第224条第1款第2项的规定，A构成危险伤害罪。

2.B的刑事可罚性

a）危险伤害罪，《德国刑法典》第223条第1款、第224条第1款

B在第一轮比赛中给A的重击涉嫌触犯《德国刑法典》第 **7** 223条第1款第一种情形、第224条第1款的规定，可能构成危险伤害罪。

aa）构成要件

存在故意实施的险恶、失当的行为，所以可以确认B的行为符合《德国刑法典》第223条第1款第一种情形规定的乱待身体。拳击手套是用来保护对手免受坚硬的拳骨可能带来的伤痛，属于护具，而非像包裹脚的鞋子那样属于《德国刑法典》第224条第1款第2项意义上的危险工具。① 因而此处只是符合《德国

① 而这个论据也可以得出一个不同的结论：没有拳击手套也不会如此强硬地挥拳。

刑法典》第223条第1款规定的基本构成要件。

bb）违法性

8　　值得考虑的是，是否存在违法阻却事由，毕竟A是自愿参加拳击比赛的。这里可能符合违法阻却的同意的前提条件[①]：A参加比赛的行为至少表明他默示地允许比赛中自己可能受到的身体伤害。从案情事实并不能推断出A是否存在认知和判断能力的缺陷，抑或意思瑕疵。并且A同意的内容指向自身的身体完整性，A原则上对该法益具有处分权。

9　　问题在于，A同意的效力是否因《德国刑法典》第228条受到影响。依据该条规定，如果相关行为违背善良风俗，则同意不具有排除违法性的效力。通说认为，是否违背善良风俗的认定标准在于"所有具有公平、正义思想的人"（alle billig und gerecht Denkenden）的立场。[②]如果只是一小部分人认为不能接受，则并不能归属于《德国刑法典》第228条之下。[③]现代拳击比赛虽然时常出现粗暴血腥的场景，但比赛进程受裁判控制，且遵循传统拳击竞赛规则，因而可以认为没有抵触善良风俗。但以上结论是以拳击伤害是在遵循规则的基础上造成的为前提。本案中A的同意具有排除违法性的效力，同时，B对A的同意也知情，因此也存在主观违法阻却要素。[④]

b）结论

B不构成《德国刑法典》第223条第1款规定的伤害罪。

[①]　详见 *Wessels/Beulke/Satzger*, AT, Rn. 371 ff.

[②]　*Lackner/Kühl*, §228 Rn. 10.

[③]　德国联邦最高法院并不将大学生间用剑或军刀的决斗视为违背风俗，参见BGHSt 4, 24, 32；从事性虐恋（sadomasochistische Praktiken）参见BGHSt 49, 166。

[④]　主观违法阻却前提参见*Kühl*, AT, §6 Rn. 11 ff.

3. 对第一组行为的结论

依据《德国刑法典》第223条第1款第一种情形、第224条 **10**
第1款第2项的规定，A构成危险伤害罪。又因A多次实施同样
的肘击动作，应属于自然的行为单数。B无罪。

（二）第二组行为：第二轮比赛

1. A的刑事可罚性

a）危险伤害罪未遂，《德国刑法典》第223条第1款、第224
条第1款、第22条、第23条

A在比赛中在拳击手套上做手脚，涉嫌触犯《德国刑法典》 **11**
第223条第1款、第224条第1款、第22条、第23条的规定，可
能构成危险伤害罪未遂。

aa）预先检验

首先需要行为没有既遂且该罪未遂可罚。由于B提前被剥
夺参赛资格，所以A在拳击手套上做的手脚并没有给B带来身
体伤害。而依据《德国刑法典》第23条第1款第二种情形、第
12条第2款、第223条第2款、第224条第2款的规定，危险伤
害罪未遂可罚。

bb）行为决意

此外，A还需要具有相应的行为决意。 A蓄意在一只拳击 **12**
手套底侧藏了金属碎片，并想用这只手套击倒B。正如A所知晓
的，如果用这只做过手脚的手套对对手施以重击，将会对其造
成严重伤害。所以A的行为符合《德国刑法典》第224条第1款
第2项第二种情形规定的使用危险工具。A的行为决意指向《德
国刑法典》第223条第1款、第224条第1款第2项第二种情形。

cc）直接着手

13　依据《德国刑法典》第22条的规定，若要成立未遂，还需要A已经直接着手实现构成要件。按照行为人的计划，他人的法益必须已经处于危险之下。换言之，从行为人的角度来看，必须已经越过"现在开始动手"的界限。[①] 参照以上两种标准，第二轮比赛的开始便可认定为A已经直接着手实现构成要件。

dd）违法性与罪责

14　此处不存在明显的违法阻却事由，尤其不存在有效的被害人同意，因为同意无法涵括违反体育道德准则的行为。同样也没有罪责阻却事由。

b）结论

依据《德国刑法典》第223条第1款、第224条第1款第2项第二种情形、第22条、第23条的规定，A构成危险伤害罪未遂。

2.B的刑事可罚性

a）伤害罪，《德国刑法典》第223条第1款第一种情形

15　B对A的重拳涉嫌触犯《德国刑法典》第223条第1款的规定，可能构成伤害罪。

aa）构成要件

B打出重拳属于《德国刑法典》第223条第1款第一种情形意义上的给他人的身体安宁或身体完整性造成明显损害的险恶、失当的行为，是否存在《德国刑法典》第223条第1款第二种情形意义上的引起或加剧他人病理状态的行为，无法从现有案情

---

① "直接着手"详见 *Baumann/Weber/Mitsch*, AT, § 26 Rn. 46 ff.；*Wessels/Beulke/Satzger*, AT, Rn. 599 ff.

描述中推断出明确结论。由于B是故意实施该行为，无论如何已经实现了《德国刑法典》第223条第1款第一种情形规定的构成要件。

bb）违法性

需要检验的是，B能否依据《德国刑法典》第32条规定的正当防卫排除行为的违法性。 **16**

从A的行为来看，存在现时的违法攻击，因为A使用做过手脚的拳击手套，不再遵守竞赛规则进行拳击比赛（防卫情势）；而B对准A腰围以下部位攻击的行为属于适当且必要的防卫对方攻击的行为（防卫行为）。

问题在于，B对A拳击手套动过手脚一事并不知情。这里B **17** 对于现时的违法攻击缺乏认知，因而也缺乏《德国刑法典》第32条所要求的防卫意思（主观违法阻却要素）。而该防卫意思并不能置于之前A对B脸部的肘击行为之上，虽然肘击行为也同样具有违法性，但是肘击已经结束，也就不再满足《德国刑法典》第32条规定的现时性要求。B的行为并非出于防卫（无论是对于变成"剃刀"的拳击手套还是对于肘击），而是出于他对开赛以来裁判判罚不公的失望。如何处理这种情形，存在争议。

学界中较为强势的观点认为，当行为人实现了法定构成要 **18** 件，但主观上对客观上已经符合违法阻却事由的前提条件并不知情时，可以类推适用犯罪未遂的规则（未遂方案）。这种理论的依据在于，违法阻却情势（Rechtfertigungslage）的存在可以冲抵行为的结果无价值，因而行为的不法内涵就如同不能犯

（untauglicher Versuch）一样，只局限在行为无价值之上。[①]如此，依据《德国刑法典》第223条第1款和第2款、第22条、第23条的规定，需要考虑伤害罪未遂的刑事可罚性。

依照上述观点，缺乏主观违法阻却要素会导致保留行为无价值的部分，结果无价值则因客观存在的违法阻却事由而得以排除。这种观点在结论上会导致主观违法阻却要素的贬值。

19　　然而这一观点并不值得赞同，因为对结果无价值的"冲抵"并没有在一般教义学上得到认可。它显然是一个特殊的设计，其存在只是为了能够得出法政策所希望的结论。它很难令臣服于法律的公民信服，为什么在行为结果发生时（A受到重拳）也仍然只能成立纯粹的未遂。因此，应当坚持认为，在缺少主观违法阻却要素时，应当以既遂行为进行处罚（既遂方案）。[②]因此B的行为违法。

cc）罪责

20　　同样可以肯定B的行为有责。

b）结论

B有目标的重击行为构成《德国刑法典》第223条第1款第一种情形规定的伤害罪。从案情来看，并不存在任何信息表明B的行为同时构成《德国刑法典》第224条第1款规定的危险伤害罪。戴着手套的拳头并不是《德国刑法典》第224条第1款第

---

① *Baumann/Weber/Mitsch*, AT, § 16 Rn. 68；*Graul*, JuS-Lernbogen 1994, L 73；*Roxin*, AT I, § 14 Rn. 104；*Wessels/Beulke/Satzger*, AT, Rn. 279；*KG* GA 1975, 213, 215；也适用于《德国刑法典》第218a条，参见 BGHSt 38, 144, 155 f.

② BGHSt 2, 111, 115 f. 对于学说的概要参见 Hillenkamp, Probleme AT, 4.Problem（2.Folgeproblem）；也可参见 LK/Rönnau, 12.Aufl., 2006 ff., Vor § 32 Rn. 90 ff.(采纳未遂)。

2项第二种情形意义上的危险工具，因为拳击手套避免了更为严重的身体伤害。[1]需要指出的是，依据《德国刑法典》第230条第1款第1项的规定，该罪告诉才处理。

3.C的刑事可罚性

a）危险伤害罪未遂的帮助犯，《德国刑法典》第224条第1款、第22条、第23条、第27条

C帮助A把金属碎片固定在拳击手套中，涉嫌触犯《德国刑法典》第224条第1款、第22条、第23条、第27条的规定，可能构成危险伤害罪未遂的帮助犯。 **21**

aa）故意且违法的主行为

本案中的故意且违法的主行为即上文所述的A实施的未遂的危险伤害行为。

bb）提供帮助

C必须为A未遂的危险伤害行为提供了帮助。问题在于，C主观上是具有正犯意思还是共犯意思。主观说认为，区分正犯与共犯的关键在于行为人主观上究竟是具有自任主角意思（animus auctoris）还是自任配角意思（animus socii）。[2]C并不是为了自己而实施这一行为，仅仅是为了给A提供帮助（Hilfeleisten），因此依照主观说，应当认为C构成帮助犯。犯罪行为支配说（Tatherrschaftslehre）[3]的主张者在本案中也会得出构成帮助犯的结论。但是也可以在本案中主张，C确实具有犯罪行为支配，因为如果没有C的帮助，A是无法将金属碎片放入拳击手套中的， **22**

---

① 参见本案例边码7及以下。

② 主观说被判例所采纳。参见Baumann/Weber/Mitsch, AT, §29 Rn. 38 ff. 的明证。

③ 参见LK/Schünemann, 12.Aufl., 2006 ff., §25 Rn. 7–10 附有进一步的明证。关于正犯与共犯的学说争论详见Hillenkamp, Probleme AT, 19.Problem。

而且C在任何时候都可以揭发A的犯罪行为。这也表明犯罪行为支配说的不清晰之处[1]，判例也正是因为这一点而一如既往地拒绝采纳这一学说。[2]值得赞同的做法是，以正犯意思作为判断正犯的标准，同时仅将犯罪行为支配作为证明正犯意思存在的征表。[3]这样一来即便C只具有部分的犯罪行为支配，也仍然能够被认定为帮助犯。C故意地支持了A所实施的未遂的危险伤害行为，他的行为违法且有责。

b）结论

C构成《德国刑法典》第224条第1款、第22条、第23条、第27条规定的危险伤害罪未遂的帮助犯。

4. 对第二组行为的结论

23　A构成《德国刑法典》223条第1款、第224条第1款第2项第二种情形、第22条、第23条规定的危险伤害罪未遂。

B构成《德国刑法典》第223条第1款第一种情形规定的伤害罪。

C构成《德国刑法典》第224条第1款、第22条、第23条、第27条规定的危险伤害罪未遂的帮助犯。

（三）第三组行为：夜访酒馆

1. A的刑事可罚性

a）侮辱罪，《德国刑法典》第185条

24　A要求B立刻消失，涉嫌触犯《德国刑法典》第185条的规定，可能构成侮辱罪（Beleidigung）。侮辱意味着蔑视或无视

---

① 对此详见 *Baumann/Weber/Mitsch*, AT, §29 Rn. 54 ff.

② 偏向犯罪行为支配说的判例参见BGHSt 19, 135（für §216）。

③ *Baumann/Weber/Mitsch*, AT, §29 Rn. 59, 61,

（Miss- oder Nichtachtung）。[1]对此并没有绝对的判断标准，而必须根据行为人和被害人所处的社会群体的习惯来决定。对于拳击手这个群体来说，"立刻消失"这种表达仍然可以被认为是社会相当（sozialadäquat）的，因此这里并没有表示特殊的蔑视。本案中A让B立刻消失并不符合《德国刑法典》第185条规定的侮辱罪的构成要件。

b) 强制罪未遂，《德国刑法典》第240条、第22条、第23条

依据《德国刑法典》第240条、第22条、第23条的规定，A同样不构成强制罪未遂。因为A在让B离开酒馆的过程中既没有以暴力也没有以显著的恶害默示地胁迫B。 **25**

c) 伤害罪，《德国刑法典》第223条第1款第一种情形

A随后直接朝B发起攻击的行为构成《德国刑法典》第223条第1款第一种情形规定的伤害罪。同时需要考虑的还有《德国刑法典》第230条第1款第一句的规定，即伤害罪告诉才处理。 **26**

上述这些罪名的认定在本案中并不存在特殊的困难，因而只需要简单提及即可。第三组行为的重点在于B的刑事可罚性。

2. B的刑事可罚性

a) 伤害罪，《德国刑法典》第223条第1款

由于A和B互殴，所以B的行为涉嫌触犯《德国刑法典》第223条第1款第一种情形的规定，可能构成伤害罪。 **27**

aa) 构成要件

互殴造成了身体伤害，因此伤害罪的客观构成要件得以符合。而且B对此主观上具有故意。

---

[1] *Lackner/Kühl*, § 185 Rn. 3.

此外需要考虑的是 B 的行为是否构成《德国刑法典》第 224 条第 1 款规定的危险伤害罪。可以认为，作为一名训练有素的拳击手，B 的拳头可以被视为《德国刑法典》第 224 条第 1 款第 2 项第二种情形意义上的危险工具。A 在斗殴过程中被打落几颗门牙，脸上还留下了很深的伤口。据此可以认为 B 的击打行为具有特殊的危险性，因此可以主张 B 使用危险工具伤害他人（《德国刑法典》第 224 条第 1 款第 2 项第二种情形）。[1]但是 B 并没有以危害生命的方式伤害 A（《德国刑法典》第 224 条第 1 款第 5 项）。

bb）违法性

28 需要进一步检验的是，B 的行为能否依据《德国刑法典》第 32 条规定的正当防卫排除违法性。

首先，可以肯定 A 实施了现时、违法的攻击。

其次，对于阻止进一步的攻击行为而言，B 的防卫行为还必须是适当且必要的。乍看之下，B 的行为似乎符合了上述两个条件，因为除了反击之外 B 没有任何其他能够有效阻止 A 攻击的手段。但问题在于，能否仅根据防卫行为而非防卫结果（A 被打落几颗门牙且脸上受到重伤）进行判断。这一伤害结果本身对于防卫 A 的攻击而言并不必要。

29 从本案中并不能看出 B 究竟是故意还是过失地造成 A 的严重伤害。行为人在实施本身被予以排除违法性的行为时，并非有目的且无心造成的附加损害也应当被视为是正当的。[2]若非如

---

① 本案例边码 1 及以下。通说则否认构成《德国刑法典》第 224 条第 1 款第 2 项第二种情形，因为拳头并不是"工具"。

② BGHSt 27, 313; *BayObLG* NStZ 1988, 408; *Kühl*, AT, § 7 Rn. 112 f.

此，防卫者就承担了过于宽泛的注意义务，这会严重地制约防卫者的正当防卫可能性，也背离了《德国刑法典》第32条规定的正当防卫的意义。[①]这意味着，即便全面考虑B的防卫行为所造成的结果，该行为在《德国刑法典》第32条第2款的意义上也是必要的。

但接下来的问题是，本案中B的防卫权是否出于特殊的理由 **30** 而受到限制（需要性），尤其是可否受到来自挑唆防卫的限制。[②]

除了挑唆防卫之外，对防卫权的社会伦理限制（需要性）还包括违法攻击者是无罪责能力人或减弱罪责能力人、保全法益与牺牲法益之间存在绝对失衡以及攻击者与防卫者之间有密切的私人关系。

挑唆防卫是指防卫者的前行为以客观上可预见的方式引起了攻击者违法攻击的情形。防卫者的前行为本身必须是违法或者至少是有违社会伦理的。[③]如果前行为是社会相当的或者从多数人的立场来看并不是不值得赞同的，那么该前行为就不能成为限制防卫权的理由。

如果可以肯定存在能够限制防卫权的前行为，那么还需要进一步区分两种情况：蓄意挑唆或者其他应受谴责的前行为。大部分观点彻底否定蓄意挑唆的防卫权[④]；而在其他应受谴责的前行为的情况下，则需要采用三阶段理论来解决。

[①] 《德国刑法典》第32条的意义与目的以及被赋予的两个原则 "个人保护"（Individual-schutz）和 "法确证"（Rechtsbewährung）详见 Schönke/Schröder/*Perron*, § 32 Rn. 1 f.

[②] 对此详见 Kühl, Jura 1991, 57, 175；判例参见 BGHSt 42, 97 附有进一步的明证。

[③] 一些学者认为有违社会伦理的前提并不充分，详见 Schönke/Schröder/*Perron*, § 32 Rn. 59。

[④] *BGH* NJW 1983, 2267；其他观点参见 *Baumann/Weber/Mitsch*, AT, § 17 Rn. 38；也可参见 *Hillenkamp*, Probleme AT, 2.Problem。

31　　　　如果防卫者不是蓄意地，而是以应受谴责的前行为引起了攻击者的违法攻击，那么防卫者必须首先躲避攻击；实在无法躲避时，才允许进行防卫（保护性防卫）；而当保护性防卫也不奏效时，挑起防卫的人才能进行反击（Gegenangriff）（即攻击性防卫）。[①]

　　　蓄意挑唆（即行为人的目的在于引起防卫情势，以便使自己后来的行为得以排除违法性）排除正当防卫的成立，因为挑唆者本人才是事实上的攻击者。

　　　在以其他应受谴责的方式挑起攻击的情况下，防卫权则分为多个级别（从保护性防卫到攻击性防卫）。

32　　　　本案中，B并不打算挑起A的攻击，因此他并非蓄意地挑起A的违法攻击。但是B知道如果自己进入这家酒馆，A就极有可能会对自己发起攻击，而且B对于自己与A发生肢体上的冲突乐观其成。A要求B离开酒馆，B却取笑了A，这进一步加剧了当时的紧张气氛。这一行为已经不能再被认为是社会相当的。因此，B虽然不是蓄意地挑起了A的攻击，但他明知的挑衅也是以有违社会伦理的方式进行的。应当采用三阶段理论对B的行为所面临的法律后果进行分析：只要躲避尚有可能，B就应该躲避A的攻击；虽然逃跑通常被认为是"可耻的"，但在这里也是可期待的。只有躲避毫无可能，B才能够采取保护性甚至攻击性的防卫手段。而B立即粗暴地回应了A的攻击，采取了不仅仅是保护性而是攻击性的防卫手段，因此其行为不能依据《德国

---

① *Kühl*, AT, § 7 Rn. 258 f.

刑法典》第32条的规定排除违法性。①而本案中也不存在其他违法阻却事由。因此B的行为违法。

cc）罪责

B的行为有责。 **33**

dd）结论

B构成《德国刑法典》第223条第1款第一种情形规定的伤害罪。如果视拳击手的拳头为危险工具，则B构成《德国刑法典》第224条第1款第2项第二种情形规定的危险伤害罪。

b）严重伤害罪，《德国刑法典》第226条第1款

由于A被打落了门牙而且脸上受了重伤，所以B的行为还 **34**
涉嫌触犯《德国刑法典》第226条第1款的规定，可能构成严重伤害罪（Schwere Körperverletzung）。

aa）构成要件、违法性与罪责

基本构成要件（《德国刑法典》第223条第1款第一种情形）已然实现。问题在于，B是否构成《德国刑法典》第226条意义上的结果加重犯。

首先可以考虑符合《德国刑法典》第226条第1款第3项规定的持续的明显毁容（dauernde Entstellung），这意味着对他人整体形象的毁坏，且被害人的这种毁容无法通过相应的措施得到清除。②一方面，A在与B的肢体冲突中被打落的牙齿可以通过换上假牙来弥补，因此这不能被认为是《德国刑法典》第226条第1款第3项意义上的持续的明显毁容③；但另一方面，A脸上

---

① 也可主张另一种结论。

② *Lackner/Kühl*, § 226 Rn. 4.

③ 也可参见BGHSt 24, 315。

留下的伤疤却无法通过整容手术一次性去除，不过也可以这样主张，对于一名拳击手而言，脸上的伤疤并不意味着毁容，而是或多或少象征着体面，甚至意味着积极的评价。

35　　即便可以对《德国刑法典》第226条第1款第3项意义上的"毁容"作如此主观化的理解，仍然可以提出反对意见，即A去做了整容手术这一事实已经表明，在A所处的生活环境中，这样的伤疤并不被视为是社会相当的。因此可以认为A脸上的伤疤符合《德国刑法典》第226条第1款第3项意义上的持续的明显毁容。[①]也可肯定基本构成要件与出现的严重结果间存在构成要件特定的危险关联，《德国刑法典》第18条的各项前提得到满足。另外从具体案情来看，并没有相关迹象表明B的行为也符合《德国刑法典》第226条第2款的规定。B的行为违法且有责。

　　bb）结论

　　B构成《德国刑法典》第226条第1款第3项规定的严重伤害罪。

　　c）参与斗殴罪，《德国刑法典》第231条

36　　B的行为涉嫌触犯《德国刑法典》第231条的规定，可能构成参与斗殴罪（Beteiligung an einer Schlägerei）。

　　aa）构成要件

　　首先A与B的肢体冲突必须构成《德国刑法典》第231条意义上的"斗殴"。问题在于，只有两个人积极地参与到肢体冲突中而其他人只是在一旁加油助威的情形是否符合"斗殴"这一要件。从日常语言习惯来看，这种情况属于斗殴。但是《德国

---

① 也可参见 *BGH* NJW 1967, 297 f. 附有反对的评论 *Schröder*, JR 1967, 146.

刑法典》第231条中的"斗殴"要求至少有三人积极地参与其中。[1]支持这个结论的根据在于,《德国刑法典》第231条针对的是斗殴行为中所包含的特殊危险以及相应的证明困难。[2]发生在两人之间的互殴行为几乎不具有这种特殊性,即便他们受到了围观者的煽动。通说对于"参与"的宽泛解释(围观的煽动者也符合参与的前提)[3]对此并没有影响。

bb)结论

B不构成《德国刑法典》第231条规定的参与斗殴罪。

3. 对第三组行为的结论

A构成《德国刑法典》第223条第1款第一种情形规定的伤害罪。 **37**

B构成《德国刑法典》第226条第1款第3项规定的严重伤害罪。《德国刑法典》第223条第1款第一种情形以及第224条第1款第2项第二种情形与第226条构成法条竞合关系(特殊关系与补充关系)而被排除适用。

(四)最终结论

A在案情中所实施的各种行为构成《德国刑法典》第223 **38** 条第1款第一种情形、第224条第1款第2项规定的危险伤害罪(肘击);第223条第1款、第224条第1款第2项、第22条、第23条规定的危险伤害罪未遂(在拳击手套底侧放入金属碎片);第223条第1款第一种情形规定的伤害罪(酒馆斗殴)。三者因存在时间上的间隔且实行方式不同而成立《德国刑法典》第53

---

[1] LK/*Hirsch*, 11.Aufl., 1992 ff., § 231 Rn. 4; MünchKomm-StGB/*Hohmann*, § 231 Rn. 6.

[2] Schönke/Schröder/*Stree/Sternberg-Lieben*, § 231 Rn. 1.

[3] LK/*Hirsch*, 11.Aufl., 1992 ff., § 231 Rn. 7.

条规定的犯罪复数（实质竞合，数罪并罚）。

B构成《德国刑法典》第223条第1款第一种情形规定的伤害罪（重拳）；第226条第1款第3项规定的严重伤害罪（脸上伤疤）。二者成立《德国刑法典》第53条规定的犯罪复数（实质竞合，数罪并罚）。

C构成《德国刑法典》第224条第1款、第22条、第23条、第27条规定的危险伤害罪未遂的帮助犯。

四、案例评价

本案偏难。只有对各部分案情事实中不同的参与者各自的行为进行区分并进行清晰的检验才能完成一份优秀的案例分析。

分析的重点在于《德国刑法典》的总论部分尤其是对违法性层面的检验。学生在分析中应当清楚地指出，拳击比赛的参与者通常对比赛过程中造成的伤害存在（默示）同意；但这种同意并不包括违反竞赛规则的行为，例如重击腰围以下部位或是在手套上动手脚。在这一方面还需要依据《德国刑法典》第228条的规定对可能存在的违背善良风俗的情况进行分析。C仅成立危险伤害罪未遂的帮助犯（在手套上动手脚），对此需要结合判例以及文献对区分正犯与共犯的各种观点进行分析。

另一个问题则在于，B在朝A腰围以下部位发动攻击时并不知道A在手套中藏入了金属碎片，因而缺少成立正当防卫所要求的防卫意思。部分文献观点认为，这种情况下由于"缺少结果不法"仅成立未遂，但通说认为，B的行为由于缺少行为违法性的主观要素而应当成立既遂。

第三组行为的重点在于挑唆防卫。其中需要区分防卫者蓄意挑起攻击与以其他应受谴责的方式挑起攻击的情况，并分别阐述这两种情况相对应的法律后果。本案中，B对于A的攻击立刻采取了攻击性的防卫手段，因此不成立正当防卫。

其他延伸阅读: *Rönnau*, *Thomas*, Grundwissen-Strafrecht: Einwilligung und Einverständnis, JuS 2007, 18; *BGH* NStZ 2006, 332（挑唆防卫的成立条件）; *Kühl*, *Kristian*, Anmerkung zu BGHSt 42, 97: Einschränkung der Notwehr in einem Fall sozialethisch zu beanstandenden Vorverhaltens, StV 1997, 298; *Sternberg-Lieben*, *Irene*, Voraussetzungen der Notwehr, JA 1996, 299.

案例15：遗产掠夺者

关键词：谋杀罪；伤害罪；未遂；中止；教唆犯；构成要件偏移；
　　　　　同意；容许错误
难　度：偏难

一、案情

　　富人V有A和B两个儿子。在V病重的时候，A想要继承V的遗产，遂欺骗B说V即将不久于人世，为让父亲免受不必要的痛苦，B应给V服用一剂致命的药物。V对此也表示同意，只是不愿意将其真实想法直接说出来。

　　B的智力水平较低，一直对A言听计从，并且以为这种情境下的行为不会受到谴责。当A为B准备好一剂毒药后，B将其掺入一杯橙汁，并且递给父亲V。然而V并没有立即喝下橙汁，而是将杯子放在床头柜上。当V跟B说话的时候，B的良心备受谴责。B拿起杯子，将果汁倒入排水槽。虽然B仍然不想让V承受不必要的痛苦，但是觉得还是没有必要用这种方式结束父亲V的生命，所以他希望再同A商量其他方案。

　　试问A、B的刑事可罚性？

二、分析提纲

三、案情分析

（一）B的刑事可罚性

首先从检验B的刑事可罚性开始。本案中检验顺序尤其重要，因为B的行为受到了A的教唆，对正犯的检验始终先于共犯。 **1**

1. 谋杀罪未遂，《德国刑法典》第211条、第212条第1款、第22条、第23条

B想让V喝下一杯掺入毒药的橙汁，涉嫌触犯《德国刑法典》第211条、第212条第1款、第22条、第23条的规定，可能构成谋杀罪未遂。

a）预先检验

首先需要行为没有既遂，并且该罪未遂可罚。因为V仍然 **2** 活着，所以B的行为没有既遂。依据《德国刑法典》第23条第1款第一种情形的规定，故意杀人罪未遂和谋杀罪未遂均可罚，二者都属于《德国刑法典》第12条第1款意义上的重罪。此处符合未遂刑事可罚性的前提条件。

b）行为决意

此外，B还需要具有行为决意。行为决意包括对所有客观 **3** 构成要件要素的故意（《德国刑法典》第15条）以及其他可能存

在的主观构成要件要素。[①] B的故意需要指向《德国刑法典》第212条第1款规定的构成要件，以及可能存在的第211条第2款规定的与行为相关的谋杀要素。

aa）指向基本构成要件，《德国刑法典》第212条第1款

4　　　B意欲杀死父亲V。无罪责能力人也可以形成故意，因此本案中B智力水平较低不会影响故意的成立。因此B具有杀人故意。

不过，问题在于，B因为受到A的欺骗，认为V不久于人世且V同意提前结束生命。因此，B可能错误地以为，存在《德国刑法典》第216条第1款意义上的被害人明示且真诚地要求将自己杀死的情况。《德国刑法典》第216条规定的受嘱托杀人罪是第212条规定的故意杀人罪的减轻构成要件，并且作为特殊规定也优先于第211条规定的谋杀罪适用。[②]依据《德国刑法典》第16条第2款的规定，如果B错误地以为存在被害人明示且真诚地要求将其杀死的嘱托，对B则只能按《德国刑法典》第216条规定的故意犯罪进行处罚，因为如果B的设想和事实正确一致，他的行为符合第216条规定的构成要件。[③]问题在于，B在此处的错误是否真的与V的嘱托相关。

5　　　B认为V同意自己将其杀死。但《德国刑法典》第216条意义上的受嘱托杀人不仅仅要求被害人的同意。只有在被害人真诚地要求他人将自己杀死时，才符合该条的规定。[④]被害人的嘱托必须以清楚明白、不引起歧义的方式被表达出来，必须自愿

---

①　*Wessels/Beulke/Satzger*, AT, Rn. 598.
②　Schönke/Schröder/*Eser/Sternberg-Lieben*, §216 Rn. 2; *Lackner/Kühl*, §216 Rn. 1.
③　*Lackner/Kühl*, §216 Rn. 5.
④　*Wessels/Hettinger*, BT I, Rn. 156.

且坚定地以要求结束自己的生命为目的。^①在B的设想中并不存在V如此目的明确的嘱托，因为B只是认为V对自己杀死他的行为持同意态度。此处并不符合《德国刑法典》第16条第2款的规定。B因此具有《德国刑法典》第212条规定的故意杀人罪的行为决意。

bb) 指向加重构成要件，《德国刑法典》第211条

此处需要考虑的是《德国刑法典》第211条第2款规定的与行为相关的谋杀要素，即阴险。阴险是指行为人明知被害人处于毫无猜疑且毫无防备的境地，却对其有敌意地加以利用。^②毫无猜疑是指被害人在行为时间点没有预料到自己的生命以及身体完整性会受到暴力攻击。^③毫无防备是指由于毫无猜疑没有能力防卫攻击或是防卫能力严重受限。^④本案中，当掺有毒药的橙汁端上来的时候，V处于毫无猜疑且毫无防备的境地，因为他完全不会想到自己会受到儿子B的攻击。另外，谋杀要素之阴险还要求行为人有意识地利用被害人毫无猜疑且毫无防备的境地。但B在将有毒的橙汁递给V的时候，内心却是相信V同意自己将其杀死。B以为V不堪忍受病痛而希望结束自己的生命，所以阴险的主观要素并未成立。此处并不符合与行为相关的谋杀要素之阴险。

本案也不符合其他客观或主观的谋杀要素。所以B的行为故意只能指向《德国刑法典》第212条第1款规定的故意杀人罪

6

---

① 参见 Schönke/Schröder/*Eser*/*Sternberg-Lieben*，§ 216 Rn. 7 f。

② *Fischer*，§ 211 Rn. 34.

③ *Fischer*，§ 211 Rn. 35.

④ *Lackner/Kühl*，§ 211 Rn. 8；关于毫无猜疑及毫无防备详见 *Arzt/Weber/Heinrich/Hilgendorf*，BT，§ 2 Rn. 44 ff.

的客观构成要件要素。

c）直接着手

7　依据《德国刑法典》第22条的规定，B必须已经直接着手实现构成要件。以主客观混合说[①]作为直接着手的标准，如果行为人主观上越过"现在开始动手"的界限，客观上已经开始实行行为，当然并不一定是构成要件行为，可以认定为已经直接着手实现构成要件。

根据案情，B将毒药掺入杯中的橙汁，并将橙汁递给V。B将橙汁递给V的时候，已经开始实行构成要件行为，如果不受干扰地发展下去，则V会将掺有毒药的橙汁饮下。正因如此，B已经直接着手实现构成要件，在其自身设想中，其行为也已经给V带来直接危险。

d）违法性

aa）阻却违法的紧急避险

8　这里需要检验B的行为是否可以依据《德国刑法典》第34条的规定排除违法性。在阻却违法的紧急避险的情况下，可以避险的法益在客观上受到了现时的危险。即便将不受痛苦而有尊严的死亡作为可以避险的法益，也需要当事人有如此的意欲。但本案中并不存在这样的情形。因此在客观上并不存在现时的危险，不能将《德国刑法典》第34条作为违法阻却事由。

bb）阻却违法的同意

9　这里不考虑将被害人同意（或推定同意）作为违法阻却事由，因为不能对他人杀害自己表示同意。《德国刑法典》第216

---

① 参见BGHSt 35, 6, 8 f.; *Wessels/Beulke/Satzger*, AT, Rn. 599; *Zieschang*, S.133。

条的存在，已经通过明示规定清楚指出，受被害人嘱托将其杀死的行为具有刑事可罚性，生命法益不可任意处分。无论V有没有积极追求结束自己的生命，此处都不能借助同意排除B行为的违法性。此外也不符合其他违法阻却事由的要求。B的行为违法。

直接积极的安乐死，即经他人同意而有意识地主动结束他人生命的行为，在德国原则上会受到刑事处罚。这类行为只有在极少数例外情况下才能依据被害人同意排除违法性，参见BGH JZ 2011，S.532 ff. 附有Engländer的评论，同前述，S.513 ff.

与其相反，自杀并不是刑法上的构成要件，所以自杀的帮助犯（帮助自杀）因缺少违法的主行为而无罪。

e）罪责

此处并不涉及《德国刑法典》第20条规定的无罪责能力。**10** 虽然案情提到B智力水平较低，但由于没有任何迹象表明B智力低下或具有深度的意识错乱，所以可以考虑《德国刑法典》第21条规定的减弱的罪责能力。

aa）容许构成要件错误

不过，B却有可能因认识错误排除罪责。B错误地以为，V不堪疼痛而希望死去。因此需要检验B是否陷入容许构成要件错误。容许构成要件错误是指行为人误以为存在特定的事实情状，当这些事实情状"真实存在"时，行为就可排除违法性。[1]

因此问题在于，若事实真的同B设想的一样，能否构成违 **11** 法阻却事由。即便V自身存在死亡的意愿，也不可能成为违法

---

[1] *Wessels/Beulke/Satzger*, AT, Rn. 467.

阻却事由，因为德国刑法目前原则上还不承认积极的安乐死，被害人对自己的生命缺乏法益处分权，无法做出放弃自己生命的同意。因此，本案中不存在容许构成要件错误。

基于上文检验同意和阻却违法的紧急避险时的同样原因，此处不存在容许构成要件错误。即便V自身存在死亡意愿，也会因为无权处分生命法益而不能排除行为的违法性。

bb）容许错误

12　然而B却有可能构成《德国刑法典》第17条规定的容许错误，因为他相信，自己杀死V的行为可以被其同意所庇护。如果行为人对违法阻却事由的法定界限存在认识错误，或者错误地相信存在违法阻却事由，但实际上该事由不为法秩序所认可，则构成容许错误。[①]此处，B不仅错误地以为存在V的同意，而且错误地以为同意他人杀死自己也为法秩序所允许。因此，B忽视了缺乏法益处分权的问题，对作为违法阻却事由的同意的法定界限产生了认识错误。

13　但是，依据《德国刑法典》第17条第一句的规定，如果该容许错误可以避免，则不能排除罪责。在此起决定作用的是，根据行为人的社会地位、个人能力以及建立在其认识能力和法律道德价值观基础上的可期待性，推测行为人能否认识到自己行为的不法。[②]不懂法律的人应当在行为前查证法律对相关法益的保护情状，而不能轻易地确信自己不确定的判断。[③]本案中，

---

① *Wessels/Beulke/Satzger*, AT, Rn. 828.

② BGHSt, 3, 357; 4, 1.

③ BGHSt, 21, 18.

虽然B的智力水平较低，但对于法律是否允许依据他人同意将其杀死的问题，B是完全有可能弄清楚的。通过自己的思考或者咨询律师，B可以避免这样的错误。因此，此处只能依据《德国刑法典》第17条第二句、第49条第1款的规定减轻处罚。B的行为依然有责。[①]

f) 免除刑罚的中止

B的行为违法且有责。但B拿走有毒橙汁的行为，可能依据 **14** 《德国刑法典》第24条的规定构成故意杀人罪中止而免除刑罚。

aa) 不存在失败未遂

只有在不存在失败未遂的情况下，才考虑免除刑罚的中止（strafbefreiender Rücktritt vom Versuch）。失败未遂指的是行为人认为其未实现目的，并且在当时的手段条件下不再可能实现，或者至少在接下来的时间内不可能实现的情况。[②]行为人自身的设想在此起决定作用。本案中，客观上仍然存在引起结果发生的可能性，并且B也这么认为。B清楚地知道，将有毒橙汁递给被害人是能够引发结果的。所以此处并不存在失败未遂。

bb) 中止的前提

首先需要查明的是，案情是属于《德国刑法典》第24条第 **15** 1款第一句第一种情形规定的未实行终了的未遂还是第24条第1款第一句第二种情形规定的实行终了的未遂。如果属于未实行终了的未遂，则只需要行为人放弃继续实行行为即可免除刑罚；在实行终了的未遂的情况下，则需要行为人积极行动以阻止结

---

① 鉴于B的智力状况也可以主张不可避免的错误。
② 参见BGHSt［Großer Senat（大审判庭）]39, 221, 228; *Wessels/Beulke/Satzger*, AT, Rn. 628; *Zieschang*, S.145。

果发生。

16　　如果行为人在实施了最后的行为之后相信自己已经完成了实现构成要件所必要的全部行为，则属于实行终了的未遂。[1]根据案情事实，B递给V掺有毒药的橙汁，在这一刻就应构成实行终了的未遂，因为B已经完成了所必要的全部动作，如果该进程不受干扰继续发展下去，V就会喝下掺有毒药的橙汁。这里需要澄清的是，B是否积极地阻止结果发生。B拿走杯子并倒掉杯中液体的行为阻止了构成要件结果的发生。此处符合《德国刑法典》第24条第1款第一句第二种情形规定的前提条件。

cc）自愿性

17　　除此之外，B还必须自愿中止其行为。当行为人自由且自主地作出中止决定时，即视为自愿。至于其动机的道德价值，在所不问。相反，非自愿性是指存在独立于行为人意志的障碍事由（他律性动机）。[2]

判断自愿性的一个著名标准是"弗兰克公式"："欲而不能不为自愿；能而不欲为自愿。"

本案中B因良心发现而将掺有毒药的橙汁拿走属于自愿的中止。

dd）对行为决意的终局放弃

18　　问题在于，B仍然希望V免受不必要的痛苦，想要同A商议之后，用另一种方式杀死V。在这种情况下存在疑问的是，免除刑罚的中止是否以对行为决意完全终局地放弃为前提。

---

[1]　*Wessels/Beulke/Satzger*, AT, Rn. 631.

[2]　对于自愿性的确定详见*Maurach/Gössel/Zipf*, AT/2, § 41 Rn. 179 ff.

早期的判例认为，只有在完全终局地放弃行为决意的情况下，才能成立中止。[1]如果采纳这一观点，本案就要排除中止的成立，因为B想在以后的时间点用另外一种方式重新引起结果。反对该观点的立场则认为，行为人内心保留的想在今后某个合适的机会重新实施行为的想法，在日常语义运用上和"放弃"某个具体的行为决意完全一致。

另一种观点认为，只要行为人和具体实行行为保持一定的距离，就应免除刑罚，即便他内心仍然保留以后重新行动的想法。[2]然而问题在于，如果行为人只是在时间上推迟实行行为，则缺乏对行为决意的终局放弃。

通说[3]在此问题上认为，与故意违法的行为保持距离要以行 **19**
为对象、真实行为情境以及想要达到的行为目标为特征。依照该观点，如果行为人内心保留另寻机会继续实施所力图的行为的想法，也并不阻碍中止的成立；相反，如果行为人内心保留继续行动的想法并不是独立的行为，而是同之前已经实施的行为构成整体事实，则只是之前行为的延续，此时应当排除中止的成立。

本案中，B虽然仍旧希望引发V死亡的结果，但"是否"进 **20**
一步行动、"如何"行动仍处于不确定的状态。因而，重新力图杀死V属于独立的行为，需要形成新的行为决意。因此，B构成故意杀人罪中止。

---

[1]　BGHSt, 7, 296; *BGH* NJW 1980, 602.

[2]　*Bloy*, JuS, 1986, 986 f.

[3]　参见*Maurach/Gössel/Zipf*, AT/2, § 41 Rn. 118; Schönke/Schröder/*Eser/Bosch*, § 24 Rn. 40; *Wessels/Beulke/Satzger*, AT, Rn. 641。

g）结论

B有效地中止了行为，因此不依据《德国刑法典》第212条第1款、第22条、第23条的规定对B进行处罚。

2. 危险伤害罪未遂，《德国刑法典》第223条第1款、第224条第1款、第22条、第23条

21　　B递给V掺有毒药的橙汁，涉嫌触犯《德国刑法典》第223条第1款、第224条第1款、第22条、第23条的规定，可能构成危险伤害罪未遂。

a）预先检验

V并未受到身体伤害，因此危险伤害行为没有既遂。依据《德国刑法典》第223条第2款、第224条第2款、第12条第2款的规定，伤害罪未遂以及危险伤害罪未遂可罚。

b）行为决意

22　　有疑问的是，B是否具有实现《德国刑法典》第223条第1款规定的伤害罪的客观构成要件以及第224条第1款第1项、第3项、第4项、第5项规定的加重构成要件的故意。

aa）指向基本构成要件，《德国刑法典》第223条第1款

23　　依照现今主流的"同一说"，杀人故意必定涵括伤害故意，因为对身体造成伤害是杀死他人的必要阶段。[1]让他人服用致死性毒药的行为会导致他人的身体安宁或身体完整性受到明显损害，因而属于险恶、失当的行为（伤害罪第一种情形）。并且，服用毒药还可能导致病理状态的出现，使他人健康受损（伤害罪第二种情形）。因此，B具有实现危险伤害罪基本构成要件的故意。

---

[1] *Lackner/Kühl*, § 212 Rn. 7；其他参见RGSt 61, 375。

bb）指向加重构成要件，《德国刑法典》第224条第1款

B递给V掺有毒药的橙汁，所以依据《德国刑法典》第224 **24** 条第1款第1项第一种情形的规定，还需要检验B是否因给他人 投放毒物而具有实现危险伤害罪的故意。毒物指的是在一定条 件下能够通过化学或是物理—化学作用对身体健康造成巨大损 害的有机物或无机物。[①]只要行为人使毒物与被害人身体产生联 系从而发挥毒物的损害效用，即为投放毒物。[②]B希望V服下足 以致死的有毒的橙汁，从而结束他的生命。依据《德国刑法典》 第224条第1款第1项第一种情形的规定，B因给他人投放毒物 而具有实现危险伤害罪的故意。

此外还需要检验的是，B是否具有《德国刑法典》第224条 第1款第3项意义上的通过阴险的突然袭击伤害他人的故意。阴 险的突然袭击指的是对毫不知情的被害人进行突发的、出乎意 料的攻击，行为人有计划地掩饰自己真实的伤害意图，从而使 被害人难以进行防卫。[③]本案中B认为V求死，也同意自己给他 下毒，但没有征象表明，B将自己下毒的行为视为对V的攻击。 所以此处不符合《德国刑法典》第224条第1款第3项意义上的 阴险的突然袭击。

另外，B的行为是否属于《德国刑法典》第224条第1款第 **25** 4项意义上的与他人共同实施伤害行为，仍然存有疑问。当两个 以上的行为人经事先约定，直接在行为地点共同攻击被害人时， 就构成与他人共同实施伤害行为。[④]但本案中另一参与者A并没

---

① Schönke/Schröder/*Stree/Sternberg-Lieben*, § 224 Rn. 2b.

② *Lackner/Kühl*, § 224 Rn. 1b.

③ Schönke/Schröder/*Stree/Sternberg-Lieben*, § 224 Rn. 10.

④ *Fischer*, § 224, Rn. 11; *Arzt/Weber/Heinrich/Hilgendorf*, BT, § 6 Rn. 56.

有与B共同直接面对V，A在行为时并未在行为地点出现，因而不符合共同实施的前提。所以，B的行为也不属于《德国刑法典》第224条第1款第4项意义上的与他人共同实施伤害行为。

26　　　最后需要检验的是，B的行为是否符合《德国刑法典》第224条第1款第5项意义上的以危害生命的方式伤害他人。依照通说，伤害行为必须给被害人的生命造成抽象危险。[①]部分文献观点主张，此处不仅需要造成抽象危险，还需要存在针对被害人生命的具体危险。依照以上两种观点，B希望V服下致死性毒药的行为符合以危害生命的方式伤害他人。因此，依据《德国刑法典》第224条第1款第1项、第5项的规定，B因为给他人投放毒物和通过危害生命的方式伤害他人而具有实现危险伤害罪的故意。

　　　c）直接着手

27　　　B递给V掺有毒药的橙汁，如果事件不受干扰地发展下去，V就会喝下有毒的橙汁。由此可以推断，B在主观上也越过了"现在开始动手"的界限。因而B已经直接着手实现构成要件。

　　　d）违法性

28　　　将《德国刑法典》第34条作为违法阻却事由，根据上文所述理由亦不能成立。B的行为也不能依据被害人的同意（或推定同意）排除违法性。

　　　e）罪责

29　　　根据上文所述，不存在容许构成要件错误。虽然这里涉及的法益是身体完整性，但B仍然以为该同意指向杀人行为，而

---

① 　BGHSt 2, 160, 163; *Wessels/Hettinger*, BT I, Rn. 282.

不是伤害行为，也不存在其他可能的罪责阻却事由。因此B的行为有责。

f）中止

在上文的检验中已经看出，B的行为并不是失败未遂，而且依据《德国刑法典》第24条第1款第一句第二种情形的规定，符合中止的前提条件。B有效地中止了行为。 **30**

g）结论

不依据《德国刑法典》第223条第1款、第224条第1款、第22条、第23条的规定对B进行处罚。

3. 结论

B无罪。

（二）A的刑事可罚性

1. 谋杀罪未遂的教唆犯，《德国刑法典》第211条、第212条第1款、第22条、第23条、第26条

A的行为涉嫌触犯《德国刑法典》第212条第1款、第211条、第22条、第23条、第26条的规定，可能构成谋杀罪未遂的教唆犯。 **31**

在检验A的刑事可罚性时，也可能首先想到其构成间接正犯，因为A实质上是将B作为人型工具（menschliches Werkzeug）来实施犯罪行为。然而，经检验，B的行为完全符合故意杀人罪未遂的构成要件，违法且有责，因而基本上排除了A构成间接正犯的可能性。然而在存在可避免的禁止错误的情况下，通说例外地承认幕后操纵者（Hintermann）成立间接正犯的可能性。可以主张如下理由：A对犯罪行为施加了特别巨大的影响，因此可将

其视为"正犯后正犯"(Täter hinter dem Täter)。

此处需要区分犯罪未遂的教唆犯以及《德国刑法典》第30条第1款规定的教唆未遂。在第一种情形下，主行为最终停留在未遂阶段，但对犯罪的教唆行为已经既遂。第二种情形则属于教唆未成功，例如被教唆者拒绝或忽略了教唆者的要求，又或者事前已自行产生行为决意。

a）构成要件

aa）客观构成要件

32　　首先必须存在经A教唆后实施的故意且违法的主行为。B的行为依据《德国刑法典》第212条第1款、第22条、第23条第1款的规定构成故意杀人罪未遂，属于故意且违法的主行为。

中止只是与个人相关的刑罚免除事由，不影响对故意且违法的主行为成立的判断。

此外，A必须唆使B实施犯罪行为，即引起B的行为决意。[①]A捏造假的事实欺骗B，让B去实施杀人行为，属于教唆行为。因而符合客观构成要件。

bb）主观构成要件

33　　主观构成要件方面需要具有双重教唆故意。 A首先必须对B故意且违法的主行为具有故意，其次对自己参与犯罪，即唆使他人实施犯罪，也必须具有故意。A真心希望V死去，并且也故意地引起了B的行为决意，主观构成要件得以符合。

---

① *Lackner/Kühl*, § 26 Rn. 2.

cc)《德国刑法典》第28条第2款规定的构成要件偏移

本案存在一个特殊情况，虽然正犯B的行为不符合谋杀要 **34**
素，但作为教唆者的A的行为却可能符合与行为人相关的谋杀
要素之贪婪。《德国刑法典》第211条第2款意义上的贪婪指的
是行为人肆无忌惮、冷酷无情地不惜任何代价获取利益。[①] A想
要杀死他的父亲以继承遗产，在这种情况下贪婪要素得以实现。

问题在于，A的行为符合与行为人相关的谋杀要素之贪婪， **35**
能否导致他从故意杀人罪未遂的教唆犯偏移为谋杀罪未遂的教
唆犯。无论判例还是通说都将《德国刑法典》第211条第2款第
一组、第三组中与行为人相关的谋杀要素视为《德国刑法典》
第28条意义上的人身性特别要素。但这里存在争议的是，是适
用《德国刑法典》第28条第1款还是第28条第2款。

判例主张，《德国刑法典》第212条和第211条属于各自独 **36**
立、互不依赖的构成要件。因此谋杀要素的符合决定了刑罚，
但这不仅仅是在故意杀人罪基础上加重刑罚，所以应适用《德
国刑法典》第28条第1款。这种观点的依据主要来自法典体系，
即谋杀罪（《德国刑法典》第211条）列于故意杀人罪（《德国刑
法典》第212条）之前。[②]

通说则将《德国刑法典》第212条规定的故意杀人罪视为基 **37**
本构成要件，而将第211条规定的谋杀罪视作不具有独立性的加
重构成要件。据此，谋杀要素成为加重刑罚事由。如此便可以
适用《德国刑法典》第28条第2款，即《德国刑法典》第211条

---

① *Fischer*, §211 Rn. 10; 延伸阅读参见 *Arzt/Weber/Heinrich/Hilgendorf*, BT, §2 Rn. 56 ff.
② 一贯的判例始于 BGHSt 1, 368; 也可参见 *Lackner/Kühl*, Vor §211 Rn. 22; 详见 *Mitsch*,
JuS 1996, 26。

中与行为人相关的谋杀要素是否成立，必须分别检验每个犯罪参与个体。这种意见的理由主要在于，这两个条文保护的都是"生命"法益，法典体系应更支持杀人犯罪的阶层关系。[1]该观点应受提倡。从应受特别谴责的杀人犯罪的中心思想可以推知，这里只能进行一个刑事应罚性（Strafwürdigkeit）的量化分级，依据在于不法和罪责的提升。[2]

38　　本案中，A作为共犯，符合人身性特别谋杀要素之贪婪。如果接受文献观点，则此处涉及加重刑罚的人身性要素，必须依据《德国刑法典》第28条第2款的规定，对每个犯罪参与个体分别进行认定，如此便成立构成要件的偏移。行为已经违法且有责，A因贪婪而构成谋杀罪未遂的教唆犯。

　　《德国刑法典》第28条第1款是共犯减轻处罚的专属条款，如果依照判例的观点，则本案中A只构成故意杀人罪未遂的教唆犯。但该结论不能反映A行为应受谴责性的思想内核，因此不予考虑。

　　b）违法性与罪责
　　A的行为违法且有责。

　　c）中止

39　　中止属于个人刑罚免除事由，本案中A自己并没有采取任何相关的中止行动，所以不能成立中止。

---

① *Lackner/Kühl*, Vor § 211 Rn. 22；*Schönke/Schröder/Eser/Sternberg-Lieben*, Vor § 211 ff. Rn. 5；*Fischer*, § 211 Rn. 6.
② 参见*Lackner/Kühl*, Vor § 211 Rn. 22。

d）结论

依据《德国刑法典》第212条第1款、第211条、第22条、第23条、第26条的规定，A构成谋杀罪未遂的教唆犯。

2.危险伤害罪未遂的教唆犯，《德国刑法典》第223条第1款、第224条第1款、第22条、第23条、第26条

A的行为还涉嫌触犯《德国刑法典》第223条第1款、第 **40** 224条第1款、第22条、第23条、第26条的规定，可能构成危险伤害罪未遂的教唆犯。

a）构成要件

aa）客观构成要件

B的行为已经构成危险伤害罪未遂，故意且违法的主行为据此存在。A引起了B实施危险伤害罪的行为决意，所以可以肯定A的教唆行为。

bb）主观构成要件

A既对危险伤害罪未遂具有故意，又对参与行为（即唆使B **41** 实施行为）具有故意。此处存在双重教唆故意。

b）违法性与罪责

A的行为违法且有责。

c）结论

依据《德国刑法典》第223条第1款、第224条第1款、第22条、第23条、第26条的规定，A构成危险伤害罪未遂的教唆犯。

3.竞合

依据《德国刑法典》第212条第1款、第211条、第22条、 **42** 第23条、第26条的规定，A构成谋杀罪未遂的教唆犯。与之相

比，A虽然也构成《德国刑法典》第223条第1款、第224条第1款、第22条、第23条、第26条规定的危险伤害罪未遂的教唆犯，但后者因其补充性被排除适用。

（三）最终结论

43   A构成《德国刑法典》第212条第1款、第211条、第22条、第23条、第26条规定的谋杀罪未遂的教唆犯。B有效地中止了自己的犯罪行为，无罪。

四、案例评价

该案例难度较高，整合了错误理论、中止、正犯和共犯等多种问题。

B错误地以为V同意被其杀死，而实际并非如此，在检验B的未遂的刑事可罚性时，需要说明该错误在法律上有何影响。首先需要提及的是行为决意方面，B能否依据《德国刑法典》第16条第2款的规定，优先适用《德国刑法典》第216条规定的减轻构成要件。这就要求本案中B不仅需要取得被害人V的简单同意，更需要取得V希望他人杀死自己的明示且真诚的嘱托，而B缺乏后者，所以对其不能适用《德国刑法典》第216条的规定。

在违法性层面，需要阐释是否成立阻却违法的紧急避险和阻却违法的同意。此二者均因对生命法益缺乏处分权而在客观上被排除。在罪责层面，可能因存在容许构成要件错误或容许错误而排除罪责，因为B认为其行为可以依据V的同意排除违法性。然而，即便存在V表示的有效同意，也不能成立违法阻却事由，因此也就排除了容许构成要件错误。值得考虑的便只剩下《德国刑法典》第17条规定的容许错误，因为B认为被害人同意能够排除杀人行为的违法性（双重错误）。但该错误是可以避免的，所以不能排除罪责。

本案还有一个重点在于对可能存在的犯罪中止的检验，因为B之后仍想找机会继续杀死V，所以是否存在对行为决意的终局放弃，是检验中特别疑难的部分。此处需要列出关于何时可以认定为对行为决意终局放弃的各种学说。可以考虑以下理论观点：

——完全终局地放弃行为决意；

——与具体实行行为保持距离；

——与实体刑事构成要件意义上的故意且违法的行为保持距离（通说）。

在对A的参与进行检测时，首先要考虑其行为构成教唆犯。原则上A不构成间接正犯，因为B的行为完全符合故意杀人罪未遂的构成要件，违法且有责，不存在刑事可罚性缺失（Strafbarkeitsdefizit）。问题在于，A还符合谋杀要素之贪婪，在此究竟应构成谋杀罪未遂的教唆犯还是故意杀人罪未遂的教唆犯？

如果赞同文献观点，则《德国刑法典》第211条规定的谋杀罪是《德国刑法典》第212条的加重构成要件，所以应适用《德国刑法典》第28条第2款的规定，对A应当以谋杀罪未遂的教唆犯进行处罚。相反，如果将《德国刑法典》第211条看作独立的构成要件，则应适用《德国刑法典》第28条第1款的规定，对A只能以故意杀人罪未遂的教唆犯进行处罚。

其他延伸阅读: *Kelker*, *Brigitte*, Erlaubnistatumstands-und Erlaubnisirrtum-eine systematische Erörterung, Jura 2006, 591; *Küper*, *Wilfried*, § 16 II StGB: eine Irrtumsregelung „im Schatten" der allgemeinen Strafrechtslehre, Jura 2007, 260; 关于中止问题参见: BGHSt 7, 296.

案例16：糟糕的教育

关键词： 伤害罪；伤害致死罪；虐待被保护人罪；不作为；结果加
重犯；禁止错误；正犯与共犯

难　度： 偏难

一、案情

　　A有一个3岁的女儿T，她在抚养T的过程中产生了严重的焦虑。数月以来，A每天都会严重责罚T，有的时候是用手打，有的时候则是用棍子打。T的父亲B是黎巴嫩人，和A住在一起。他很早就发现女儿的身上有淤青，却不闻不问。这是因为B向德国政府提交的避难申请还未得到批准，所以他不想冒险与A发生冲突。而且B认为，在德国法上基于父母的教育权，对子女进行严厉的体罚是被允许的。但B并不知道A还用棍子打了T。一天A趁B不在家时狠狠地打了T一巴掌，导致T的头部撞到了墙上，颅骨受了重伤，几天之后T伤重不治身亡。

　　试问A、B的刑事可罚性？

二、分析提纲

三、案情分析

（一）A的刑事可罚性

1. 危险伤害罪，《德国刑法典》第223条第1款、第224条第1款

1 本案也可以首先检验《德国刑法典》第227条，将《德国刑法典》第223条第1款和第224条第1款放在基本构成要件的范围内附带检验。以下所示的检验顺序则更为简单。对于《德国刑法典》第227条的检验详见下文。

A对于T身体的虐待行为涉嫌触犯《德国刑法典》第223条第1款、第224条第1款的规定，可能构成危险伤害罪。

a）构成要件

aa）客观构成要件

①《德国刑法典》第223条第1款规定的客观构成要件

A徒手或是用棍子殴打T的行为必须符合伤害罪构成要件规定的乱待身体（第一种情形）以及损害健康（第二种情形）。所谓乱待身体，指的是所有险恶、失当地对他人的身体安宁或身体完整性造成明显损害的行为。①徒手或是使用棍子猛烈殴打他人会给其身体安宁造成严重损害。由于T身上有淤青，可以认定她的身体安宁受到了损害。因此A的殴打行为构成乱待身体。

此外，T的健康也受到了损害。所谓损害健康，指的是引起或加剧他人偏离于身体正常状态的病理状态，即便这种病理状态只是暂时性的。②T因被殴打而出现的皮下出血（即淤青）就是这样一种病理状态。因此，可以肯定损害健康的存在。 **2**

②《德国刑法典》第224条第1款规定的客观构成要件

使用棍子的殴打行为可能符合《德国刑法典》第224条第1款第2项规定的加重构成要件。该项要求使用危险工具或是武器伤害他人。武器指的是就其性质而言能够给人造成严重伤害的物体。③虽然棍子可以被用来打人并能够造成严重伤害，但从它所属的种类来看，它并不是专门被用来打人的，因此它不属于《德国刑法典》第224条第1款第2项意义上的武器，但它属于该项第二种情形规定的"危险工具"。危险工具指的是就其客观属性及其具体的使用方式而言，能够造成严重身体伤害的物体。④ **3**

---

① *Fischer*, § 223 Rn. 4; *BGH* NStZ 2007, 218.

② Lackner/Kühl, § 223 Rn. 5 附有进一步的明证。

③ *Fischer*, § 224 Rn. 9d.

④ *Fischer*, § 224 Rn. 9.

当棍子被用来打人时，能够造成严重的身体伤害，因此它属于危险工具，也是行为人实施身体伤害所使用的工具。因此，《德国刑法典》第224条第1款第2项规定的加重构成要件得以符合。

4　　最后，A打T一巴掌并由此造成T颅骨重伤，还可能符合《德国刑法典》第224条第1款第5项规定的以危害生命的方式伤害他人。这一要素的类别存在争议。通说认为，只要存在一般的、抽象的生命危险即可[①]；而反对意见则认为，需要出现具体的生命危险。[②]本案中颅骨重伤已经导致T死亡，因此就不再需要讨论上述观点冲突。A的行为符合《德国刑法典》第224条第1款第5项规定的要素。

bb）主观构成要件

5　　A在行为时必须具有故意。故意（《德国刑法典》第15条）指的是实现构成要件的认知和意欲。A在行为时具有必要的故意，即蓄意，给T造成痛苦正是她所追求的。对于实现《德国刑法典》第224条第1款第2项第二种情形的加重构成要件，即将棍子作为实施伤害行为的工具，A在主观上也具有故意。问题在于，A对以危害生命的方式伤害他人是否也具有故意。

6　　这里可以考虑一个附条件的故意，即行为人认为构成要件的实现是可能的，并予以放任[③]或认可接受。[④]与之相反，在有认识过失的情况下，行为人尽管认识到自己的行为所蕴含的风

---

① BGHSt 2, 160, 163; *Fischer*, § 224 Rn. 12.

② Schönke/Schröder/*Stree/Sternberg-Lieben*, § 224 Rn. 12.

③ 通说的措辞，参见 Haft, AT F II 3 c; Wessels/Beulke/Satzger, AT, Rn. 214 附有进一步的明证。

④ 判例的措辞，但是在内容上几乎与通说一致。参见 BGHSt 7, 363; 36, 1。

险，但相信构成要件不会实现。[1]本案中没有任何具体的线索来认定A对于T受到的危害生命的身体伤害予以放任，因此在这一方面应当否定故意的存在。因此，A主观上仅具有实现《德国刑法典》第223条第1款、第224条第1款第2项第二种情形规定的构成要件的故意。

当然也可以认为A应当预见到这种危害生命的危险，因此可以肯定她对以危害生命的方式伤害他人具有附条件的故意。

b）违法性

A可能依据父母的惩戒权来排除行为的违法性，但本案中基于以下几点考虑可以排除这种可能性：首先，A用棍子殴打T并不是出于教育的考虑而是为了发泄自己的紧张情绪。其次，早前通说和判例都要求惩戒的手段应当温和且适当，但长期的用手和棍子殴打孩子已经远远超出了这一界限。最后，自2000年在《德国民法典》第1631条增设第2款之后，基本上杜绝了在刑法上适用此事由排除违法性的可能。[2]《德国民法典》第1631条第2款规定："禁止对子女实施体罚、心灵上的伤害和其他侮辱性的教育措施。"本案中也不存在其他违法阻却事由。因此，A的行为违法。

自立法者在《德国民法典》第1631条增设第2款之后就很难通过父母的惩戒权来排除伤害行为的违法性了。但根据行为的强度和持续时间，即便是依据旧有法律的规定也无法排除行为的违法性，在分析案情时就不需要对这个问题进行详细的阐述。

---

① 参见 *Heinrich*, AT, Rn. 297。
② 这里参见 *Fischer*, § 223 Rn. 40。

c) 罪责

8　A的行为有责。

d) 结论

A构成《德国刑法典》第223条第1款、第224条第1款第2项第二种情形规定的危险伤害罪。

2. 虐待被保护人罪,《德国刑法典》第225条第1款

9　A长时间以来每天都殴打T,涉嫌触犯《德国刑法典》第225条第1款第1项、第2项的规定,可能构成虐待被保护人罪。

a) 构成要件

aa) 客观构成要件

要符合虐待被保护人罪的客观构成要件,行为人必须对一个处于她照料或保护之下或属于她家庭成员的、未满18周岁的人实施了折磨或残忍的乱待行为。被害人T只有3岁,属于被保护人的范畴。T还必须处于行为人A的保护和照料之下。行为人在法律上有义务照顾被害人,在这个意义上被害人与行为人之间存在依赖关系,那么被害人就处于行为人的照料之下。[1]这种照料保护关系可基于法律的规定、行政机关的授权委托、合同约定或是事实的照料承担而产生。[2]基于母女关系可以产生法律上的照料保护关系,因此T处于A的照料之下。此外T与A和B共同生活,因此属于A的家庭成员。所谓家庭成员通常指的是与行为人共同生活的亲属。

10　A还必须对T实施了折磨或残忍的乱待行为。折磨指的是引起长时间持续的或是反复发作的痛苦。这一构成要件要素通常

---

[1]　Schönke/Schröder/*Stree/Sternberg-Lieben*,§225 Rn. 7.

[2]　*Fischer*,§225 Rn. 4.

是通过多个行为的实施来实现的，而这种反复性与持续性正体现了这种伤害形式所具有的特殊的不法内涵。[①] A 在相当长的一段时间内用手或棍子反复殴打虐待 T，不仅给 T 带来了痛苦，而且导致 T 身上出现淤青。因此，A 折磨了 T。

此外本案中 A 的行为也构成了残忍的乱待行为。构成残忍的 **11** 乱待行为的前提条件之一，在于行为人的无情和对他人痛苦缺少同情心的主观态度（Gesinnung）。[②] "残忍"一词所指的不仅是行为人的主观态度，还有乱待行为的实施方式。[③] A 用棍子殴打 T 的行为符合残忍要素。因此，A 的行为构成残忍的乱待行为。

bb）主观构成要件

A 在行为时必须具有故意。其中该故意必须涵括对被害人 **12** 的年幼以及行为人与被害人之间关系的认识。这些情况均为 A 所认识。因此，A 在行为时具有故意。

b）违法性与罪责

A 的行为违法且有责。

c）结论

A 构成《德国刑法典》第 225 条第 1 款第 1 项和第 2 项规定的虐待被保护人罪。

3. 伤害致死罪,《德国刑法典》第 227 条第 1 款

A 打 T 一巴掌导致 T 的头部撞到墙上从而受到了致命伤，涉 **13** 嫌触犯《德国刑法典》第 227 条第 1 款的规定，可能构成伤害致死罪。

---

① BGH NStZ 2004, 94 附有进一步的明证。

② Fischer, § 225 Rn. 9; BGH NStZ 2007, 405 附有进一步的明证。

③ Schönke/Schröder/Stree/Sternberg-Lieben, § 225 Rn. 13 附有进一步的明证。

《德国刑法典》第227条规定的是结果加重犯，构成伤害致死罪的前提首先是满足基本构成要件，即《德国刑法典》第223条以下条文规定的伤害罪既遂，其次是出现死亡结果作为严重结果。基本构成要件与严重结果之间必须存在特定的危险关联。除此之外，依据《德国刑法典》第18条的规定，行为人还必须对于严重结果的出现至少具有过失。关于结果加重犯的构造，参见 Wessels/Hettinger, BT I, Rn. 296 ff.

a) 构成要件

aa) 客观构成要件

① 实现基本构成要件

A用手朝被害人脸上用力地打去，构成了《德国刑法典》第223条第1款意义上的乱待身体。因此，基本构成要件的客观构成要件得以实现。

② 出现严重结果

14 被害人T被行为人打了一巴掌，导致其头部撞到了墙上，颅骨受到了重创，T因为这一创伤而死亡。《德国刑法典》第227条规定的严重结果已然出现。

③ 特定的危险关联

15 T的死亡结果必须由伤害行为造成。但通常认为，仅依靠基本构成要件与严重结果之间的因果关系并不足以认定构成《德国刑法典》第227条规定的结果加重犯。死亡结果还必须是伤害行为"直接"造成的。[①] 尽管这种直接性在具体细节上仍存在争

---

① *Fischer*, § 227 Rn. 3.

议[1]，但是目前一致认为，死亡结果必须是基本构成要件固有危险的实现。[2]最新的判例和文献还会考虑与伤害行为相关的危险是否会有致命后果。A打了T一巴掌导致T的头部撞到墙上并因此颅骨受伤。颅骨所受的伤害导致T死亡，这与朝一个孩子脸上实施殴打行为固有的危险相对应。因此，可以认定具有构成要件特定的危险关联。

bb）主观构成要件

① 实现基本构成要件的故意

A具有实现基本构成要件的故意（详见上文）。 **16**

② 对严重结果的出现至少具有过失，《德国刑法典》第18条

对于严重结果，A主观上必须至少具有过失。所谓过失，指的是行为人未尽到日常交往中的必要注意。因为实施基本构成要件已经是违反义务，因此判例一般认为，对于结果加重犯只需要判断严重结果在主观和客观上可否预见。[3]用手用力击打一个孩子的头部，在客观上完全不难预见，孩子的头部会因为击打而随后撞到其他物体，并遭受严重的伤害。因此，客观上A过失地引起了死亡结果的出现。

b）违法性与罪责

本案中并没有明显的违法阻却事由，也没有任何迹象表明 **17**
A主观上无法预见结果的出现，因此可以肯定主观预见可能性。
A的行为有责。

---

[1]　这里参见Wessels/Hettinger, BT I, Rn. 298 ff. 附有进一步的明证。

[2]　Lackner/Kühl, §227 Rn. 2附有进一步的明证。

[3]　参见*Wessels/Hettinger*, BT I, Rn. 306。

c）结论

A构成《德国刑法典》第227条第1款规定的伤害致死罪。

4. 对A刑事可罚性的最终结论

18　　A构成《德国刑法典》第223条第1款、第224条第1款第2项规定的危险伤害罪；第225条规定的虐待被保护人罪；第227条规定的伤害致死罪。其中，因为出现了死亡结果，《德国刑法典》第223条第1款因其补充性被第227条排除适用。之前所构成的危险伤害罪与伤害致死罪成立《德国刑法典》第53条的犯罪复数（实质竞合，数罪并罚）。而虐待被保护人罪（T死亡当天）与伤害致死罪成立《德国刑法典》第52条的犯罪单数（想象竞合，从一重处罚）。

（二）B的刑事可罚性

1. 虐待被保护人罪，《德国刑法典》第225条第1款第1项和第2项

19　　首先，B自己并没有动手殴打T，因此并不构成虐待被保护人罪，也不构成该罪的共同正犯。

本案中B自身没有实施任何积极的伤害T的行为，因此可以直接分析以不作为方式成立虐待被保护人罪的刑事可罚性。

2. 不作为的虐待被保护人罪，《德国刑法典》第225条第1款第1项和第2项、第13条

20　　B虽然知道A虐待了T却无所作为，涉嫌触犯《德国刑法典》第225条第1款第1项和第2项、第13条的规定，可能构成不作为的虐待被保护人罪。

a) 构成要件

aa）客观构成要件

T 为未满 18 周岁的未成年人，受到了 A 的折磨和残忍的乱待（详见上文）。

① 未实施被要求的行为

要构成不作为的虐待被保护人罪，B 必须没有实施被要求的行为。B 知道 A 对 T 实施的虐待行为，且他原本能够阻止 A 继续对 T 进行折磨和残忍的乱待。B 没有采取任何行动阻止 A 的行为，他通过这一不作为使处于自己照料之下的 T 受到折磨。[①] 未实施被要求的行为必须是结果发生的原因。如果 B 积极地采取措施阻止 A 的虐待行为，那么依据修正的条件公式（modifizierte conditio-sine-qua-non-Formel）就能以几近确定的概率认定不会继续发生虐待。因此，B 的不作为与结果之间就存在因果关系。对于 B 而言，采取措施也是可能的。

② B 的保证人地位

对于 B 的刑事可罚性而言，他还必须具有保证人地位。基 **21** 于保证人地位，B 才负有法律上的义务积极地阻止法律所不允许的结果出现。这样的保证人地位可以源自法律规定、（合同性）义务承担、特殊的信赖关系以及先行行为。[②] 作为 T 的父亲，B 负有《德国民法典》第 1626 条、第 1631 条规定之义务，即互相协助并防止危险。因此，B 是 T 的保证人。

③ 期待可能性

实施被要求的行为对于 B 而言还必须具有期待可能性。这 **22**

---

① 也可参见 *BGH* NJW 1995, 2045, 2046。

② 这里参见 *Wessels/Beulke/Satzger*, AT, Rn. 716 ff.

一点可能会存在疑问，因为如果B采取行动的话，他提交的避难申请就可能严重受阻。在判断期待可能性时需要对结果发生的概率、救助的可能性以及保证人和被害人受损的利益进行衡量。[①]尤其需要考虑的是对幼童进行虐待行为的强度和频率。整体来看应当肯定采取介入措施是期待可能的。尤其是在衡量双方利益的时候，一方面是T的身体完整性，另一方面则是B的经济利益和居留利益，利益的轻重比较已十分明确。因此，应当得出肯定期待可能性的结论。

实施被要求的行为的期待可能性也可以在罪责层面进行检验。究竟是在构成要件还是在罪责层面检验取决于，期待可能性已经触及了行为义务本身还是仅仅属于个人排除罪责要素。对此参见*Wessels/Beulke*, AT, Rn. 739。

bb）主观构成要件

23　　B在行为时必须具有故意。行为人必须对自己的行为义务以及实施合规范的行为的期待可能性存在认识。B虽然知道自己的女儿受到了虐待但没有采取任何措施。案情中也没有表明B可能陷入《德国刑法典》第16条规定的构成要件错误。即使B认为，德国关于父母教育权的法律规定允许对幼童采取这样的行为方式，他对于所有的构成要件要素也都存在认识。因此，B在行为时具有故意。

b）违法性

B的行为违法。

---

① 　*Fischer*, § 13 Rn. 81.

c）罪责

疑问在于，B的行为是否有责。B错误地认为，德国关于父 **24**
母教育权的法律规定允许对儿童采取严厉的惩戒方式，因此他
可能陷入容许构成要件错误。容许构成要件错误是指行为人对
一个公认的违法阻却事由的客观前提产生了误解。这就意味着，
行为人错误地认为存在特定的事实情况，当这些情况"真实存
在"时就可排除其行为的违法性。[1]然而，在德国法上能够排除
违法性的父母惩戒权早就不存在了。即便存在能够排除违法性
的惩戒权，《德国刑法典》第225条第1款的适用也排除了这一
权利。[2]按照过去判例中的标准，对于儿童和青少年的折磨以及
残忍的乱待也不能被认为是"相宜且适度的"（angemessen und
maßvoll）。因此，本案并不存在容许构成要件错误。

但是B还可能陷入禁止错误（Verbotsirrtum），在本案中表 **25**
现为命令错误（Gebotsirrtum）。命令错误是《德国刑法典》第
17条规定的禁止错误在不作为犯罪中的特殊表现形式。[3]如果行
为人虽然认识到自己做了什么，但却错误地认为自己的行为是
被允许的，那么他就陷入了禁止错误[4]，例如行为人认为存在某
项违法阻却事由，但事实上德国刑法并不认可这项事由（容许
错误）。B认为，A对T实施的虐待行为可以依据德国教育体制
中的惩戒权排除违法性，因此自己也就没有义务积极地介入并
阻止虐待行为的继续。然而事实上并不存在这样的违法阻却事
由。因此，B处于容许错误中。

---

[1] *Wessels/Beulke/Satzger*, AT, Rn. 467.
[2] *Fischer*, § 225 Rn. 14.
[3] *Lackner/Kühl*, § 17 Rn. 6.
[4] *Wessels/Beulke/Satzger*, AT Rn. 456.

在容许构成要件错误中，行为人是对于违法阻却事由得以成立的事实前提（Tatsache）存在认识错误。而在容许错误中，行为人则是对法律评价存在认识错误，在本案中就表现为认为存在一个实际上并不为法秩序所承认的违法阻却事由。

26　　但是容许错误只有在该错误不可避免时才能够排除罪责（《德国刑法典》第17条第一句）。判例对于容许错误的可避免性设置了非常严格的要求，根据判例的观点，判断可避免性取决于具体的行为人依据他个人的能力，通过他的认识力、道德价值观，以及进行相关咨询后[1]，能否认识到自己行为的不法。在这里应当考虑，B来自另一个具有不同文化的国家，并不了解德国当地的法律和价值观念体系。但是在T遭受持续性虐待的情况下，B不该完全消极地不采取任何措施，至少应当就A行为的合法性进行相关的咨询。因此，应当认为B的禁止错误是可避免的，无法排除罪责。因此，B的行为有责。[2]

d）结论

B构成《德国刑法典》第225条第1款第1项和第2项、第13条规定的不作为的虐待被保护人罪。B可以依据《德国刑法典》第17条第二句、第49条第1款的规定减轻处罚。

3. 不作为的伤害罪，《德国刑法典》第223条第1款、第13条

27　　B的行为还涉嫌触犯《德国刑法典》第223条第1款、第13条的规定，可能构成不作为的伤害罪。

---

[1]　*Lackner/Kühl*, § 17, Rn. 7.

[2]　这里也可主张其他结论。

a)构成要件

不作为的伤害罪的构成要件结果因A的虐待行为对T造成的健康损害和身体乱待而出现。B对此具有认识，没有采取任何措施，因此他没有实施被要求的行为。这一不作为与T继续遭受的虐待之间存在因果关系。实施被要求的行为对于B而言不仅是可能的而且是可期待的。作为T的父亲，B依据《德国民法典》第1626条第1款、第1631条第1款关于父母照料的规定而具有保证人地位。B是在对客观构成要件所有情状具有认识的情况下而行为的，因此他具有故意。

b)违法性与罪责

B的行为违法且有责。 **28**

c)结论

B构成《德国刑法典》第223条第1款、第13条规定的不作为的伤害罪。

4. 不作为的危险伤害罪，《德国刑法典》第223条第1款、第224条第1款第2项、第13条

因为B并不知道A用棍子殴打了T，因此他不构成《德国刑 **29** 法典》第223条第1款、第224条第1款第2项、第13条规定的不作为的危险伤害罪。

5. 不作为的伤害致死罪，《德国刑法典》第227条第1款、第13条

a)构成要件

B的行为还涉嫌触犯《德国刑法典》第227条第1款、第13 **30** 条的规定，可能构成不作为的伤害致死罪。

b）基本构成要件

《德国刑法典》第223条第1款、第13条规定的基本构成要件已然实现，因为B作为保证人没有实施被要求的、可期待的行为。但问题在于，B对此是否具有故意。主要的问题在于，最后的致命伤是在B不在场的时候造成的，因此B对此不具有任何认识。如果积极的行为是由第三人实施的，那么在《德国刑法典》第227条上，不作为行为人的设想就必须指向按照方式、规模与强度能够造成被害人死亡的具体的伤害行为。[①]因为B当时并不在场，因而对伤害行为的方式、规模与强度都没有认识，所以应当排除故意。因此，对于实现基本构成要件而言，B不具有故意。

c）结论

B不构成《德国刑法典》第227条第1款、第13条规定的不作为的伤害致死罪。

6. 对B刑事可罚性的最终结论

31   B构成《德国刑法典》第225条第1款第1项和第2项、第3款第1项及第13条规定的不作为的虐待被保护人罪和《德国刑法典》第223条第1款、第13条规定的不作为的伤害罪。其中，不作为的伤害罪因其补充性被不作为的虐待被保护人罪排除适用。

因此，依据《德国刑法典》第225条第1款第1项和第2项、第3款第1项及第13条的规定对B进行处罚。

---

① BGH NStZ 1996, 36 附有进一步的明证。

四、案例评价

本案偏难。需要讨论的仅仅是刑法分则中的伤害犯罪，分析的重点在于刑法总则的规定。

分析A的刑事可罚性的关键在于，清晰地对行为进行涵摄。需要详细讨论的是，A的行为能否依据父母的惩戒权而排除违法性。由于A殴打行为的高强度和持续性，这一违法阻却事由并不成立。此外还需要重点分析是否成立结果加重犯（《德国刑法典》第227条）。

在讨论B的刑事可罚性时，B所涉及的罪名与A相同，区别在于应当按照不真正不作为犯（unechte Unterlassungsdelikte）的构造进行检验。分析的重点在于所要求的救助行为的期待可能性以及认识错误的问题。要完成优秀的案例分析，应当对二者进行独立的讨论。B认为德国法允许严厉的惩戒方式，这一认识属于《德国刑法典》第17条规定的容许错误的特殊表现形式（即命令错误）。因此必须对这一错误的可避免性进行讨论。最后在讨论B是否依据《德国刑法典》第227条、第13条的规定构成不作为的伤害致死罪时，应当注意，在A用巴掌用力打T的时候B并不在场，因此B的不作为故意并未及于具体的导致死亡结果发生的伤害行为。

其他延伸阅读：*Knödler, Christoph*, Das hat noch keinem geschadet. Vom Mythos der zulässigen elterlichen Gewalt gegenüber Kindern, ZKJ 2007, 58；*Roxin, Claus*, Die strafrechtliche Beurteilung der elterlichen Züchtigung, JuS 2004, 177.

案例 17：甜蜜的复仇

关键词：伤害罪；不进行救助罪；不作为；未遂；过失；间接正
　　　　犯；教唆未遂；（共犯）故意；教唆者的认识错误

难　度：难

一、案情

B从A身边抢走了C，A为此想要报复B。A在饮料中混入了一些会令B感到恶心呕吐的东西，然后让她的朋友D把这杯饮料送给B。A以为D对此完全不知情，实际上D目睹了全过程。B也曾经对D做过类似的事情，因此D认为B完全是罪有应得。

在B和C卿卿我我的时候，D端着杯子走向B并把饮料递给她。但此时C却夺走了杯子一口气喝完了饮料。几分钟之后预期的效果出现了。虽然B的手提包中就有对症药剂，但她却没有给C，因为她对C的莽撞举动非常恼火。

试问本案中A、B、D的刑事可罚性？

二、分析提纲

三、案情分析

（一）D 的刑事可罚性

1　　D 是最接近犯罪的行为人，因而应当先检验 D 的刑事可罚性。而 A 可能是间接正犯或者是教唆犯，必须在确定了 D 的刑事可罚性之后再检验 A 的刑事可罚性。

　　1. 伤害罪，《德国刑法典》第 223 条第 1 款（对 C）

　　D 把会引起恶心呕吐的饮料给了 B，最终 C 喝下了这杯饮料，涉嫌触犯《德国刑法典》第 223 条第 1 款的规定，可能构成伤害罪。

　　a）构成要件

　　aa）客观构成要件

　　首先 C 的身体必须受到了乱待或健康损害。《德国刑法典》第 223 条第 1 款第一种情形规定的乱待身体，是指所有险恶、失当地给他人的身体安宁或身体完整性造成明显损害的行为。[①]让人喝下会引起恶心呕吐的饮料的方式是险恶、失当的，而且也能够对身体安宁造成严重损害。因此可以肯定存在乱待身体。《德国刑法典》第 223 条第 1 款第二种情形规定的损害健康，是指引起或加剧他人偏离于身体正常状态的病理状态。喝下饮料导致 C 感到恶心，C 因此出现了疾病（病理性）症状。同样可以肯定存在损害健康。

2　　但是问题在于，这一结果能否在客观上归责于 D。尚存在争议的客观归责理论一般作为额外的修正措施，应在客观构成

[①]　*Lackner/Kühl*, § 223 Rn. 4.

要件层面检验行为人是否创设了法所不允许的危险，且该危险在具体的结果之中是否得以实现。[1]本案中，法所不允许的危险体现在D将饮料递给了B。但有疑问的是，这一危险是否在结果中实现，或者是否能够将它视为C自我答责地自我损害[2]的结果，从而被认为是C（而不是D）的"作品"。C喝完了饮料，由此他为对自己身体的伤害创设了一个必要的原因。尽管如此，C对于饮料会引起恶心呕吐这一点并不知情，因此可以排除其自我答责地自我损害。这一结果在客观上可以归责于D，客观构成要件得以符合。

bb）主观构成要件

依据《德国刑法典》第15条的规定，D在行为时必须具有故意。D把饮料递给B并想给她造成身体伤害。结果是C喝下了饮料，从而伤害结果也出现在C的身上。这里可以考虑《德国刑法典》第16条第1款第一句意义上的排除故意的构成要件错误。

本案中，欲攻击的对象与实际受到伤害的对象并不是同一人，因此属于打击错误（aberratio ictus, Fehlgehen der Tat）。[3]

打击错误与对人的错误（error in persona）有所不同。对人的错误是指行为人对目标人员的身份出现了认识错误。打击错误是指行为人的攻击指向特定的人，但结果却发生在另一个人身上，而这个人并不是行为人的攻击目标。

---

① 参见*Wessels/Beulke/Satzger*, AT, Rn. 179。

② *Wessels/Beulke/Satzger*, AT, Rn. 185 ff.

③ 拉丁语Ictus, -us：打，击，推。

4　　　问题在于，在法律上应当如何处理打击错误。有一种观点认为，如果欲攻击的对象与实际受到损害的对象在构成要件上是等值的，仍然应当肯定故意的存在。[①]本案中，一方面，D想要伤害一个人，实际上却伤害了另一个人。按照上述观点应当肯定故意的存在。但另一方面，也可以将故意理解为具体指向特定攻击对象。[②]如果发生了打击错误，从而使损害的结果发生在另一个对象身上，这时对于实际受到损害的对象而言就不存在故意。按照这种理解，本案中应当否定D的故意。支持第一种观点的理由认为，在打击错误的情况下，构成要件中所描述的事件无论在客观方面还是主观方面都得以符合。反对这一观点的理由则认为，采取这一观点将会过于降低对故意的具体化要求，由此形成的故意与行为人对于构成要件实现过程的实际设想毫无关联。因此通说认为在打击错误的情况下，行为人对于实际受到损害的对象并不具有故意。据此，本案中D对C并不具有伤害故意。

b）结论

D对C不构成《德国刑法典》第223条第1款规定的伤害罪（既遂）。

2. 伤害罪未遂，《德国刑法典》第223条第1款、第22条、第23条（对B）

5　　　依据《德国刑法典》第223条第1款、第22条、第23条的规定，D对B可能构成伤害罪未遂。

[①] 参见 *Loewenheim*，JuS 1966，310；*Puppe*，GA 1981，1；*Koriath*，JuS 1997，901。

[②] *Wessels/Beulke/Satzger*，AT，Rn. 250 ff；MünchKomm-StGB/*Joecks*，§ 16 Rn. 102；*Lackner/ Kühl*，§ 15 Rn. 12；Schönke/Schröder/*Sternberg-Lieben/Schuster*，§ 15 Rn. 57；*Fischer*，§ 16 Rn. 6.

a）预先检验

B的身体并没有受到实际损害，这一结果出现在了C的身上。因此D的伤害行为并没有既遂。而且依据《德国刑法典》第23条第1款第二种情形、第12条第2款、第223条第2款的规定，伤害罪未遂可罚。

b）行为决意

6 D必须决意实施这一犯罪。行为决意包括对所有客观构成要件要素的故意以及其他可能存在的主观构成要件要素。[①]故意是指实现构成要件的认知和意欲。[②]D意欲让B喝下会引起恶心呕吐的饮料，她知道喝下饮料会使人感到恶心呕吐，她也正是这样希望的。因此D主观上具有犯罪故意（蓄意，即第一级直接故意）。D具有行为决意。

c）直接着手

7 依据《德国刑法典》第22条的规定，D还必须直接着手实现构成要件。行为人客观上已经开始了实行行为，按照行为人对行为的设想，不需要中间步骤就能顺利实现构成要件，并且行为人主观上已经越过"现在开始动手"的界限，就可以认定为直接着手。[③]本案中，D已经把饮料递给了B。通过这个行为，D已经完成了导致构成要件实现所需要的所有动作，而且她在主观上也已经越过了"现在开始动手"的界限。因此D已经直接着手实现构成要件。

---

① *Wessels/Beulke/Satzger*, AT, Rn. 598.

② *Lackner/Kühl*, § 15 Rn. 3.

③ *Wessels/Beulke/Satzger*, AT, Rn. 601.

d) 违法性与罪责

D的行为违法且有责。

e) 结论

依据《德国刑法典》第223条第1款、第22条、第23条的规定，D对B构成伤害罪未遂。

3. 危险伤害罪未遂，《德国刑法典》第224条第1款、第22条、第23条（对B）

8 这是将基本构成要件与加重构成要件分别进行检验的范例。当然《德国刑法典》第224条第1款规定的加重构成要件要素和第223条第1款可以在行为决意中一并检验。

预先检验与上文伤害罪未遂相同。

a) 行为决意

需要考虑的是《德国刑法典》第224条第1款第1项规定的加重构成要件。对于通过投放毒物或其他危险物质伤害他人，D主观上必须具有故意。毒物指的是在一定条件下能够通过化学或是物理—化学作用对身体健康造成巨大损害的有机物或无机物。[①]而其他危险物质指的是以其他方式发挥作用（例如通过机械性作用）对他人健康造成损害的物质。[②]本案中，掺杂在饮料中的物质是以化学性的方式发挥作用。而投放毒物指的是使毒物与被害人身体产生联系从而发挥毒物的损害效用，这体现在被害人喝下饮料这一过程中。

9 由于《德国刑法典》第224条第1款相对于第223条第1款设

---

① *Fischer*, § 224 Rn. 3a.

② 例如玻璃碎片、细菌或病毒，它们并不属于毒物的范畴。参见 Fischer, § 224 Rn. 4。

置了较高的法定刑，因此其对于健康损害的程度也设置了更高的要求。通说主张，所投放的物质必须就其种类及其具体的使用方式而言能够造成严重的健康损害。[①]本案中，暂时性的恶心呕吐无论是从持续时间还是从强度上来看都不属于严重的健康损害，故并不符合上述要求。因此D主观上并不具有实现《德国刑法典》第224条第1款第1项规定的构成要件的行为决意。

b）结论

依据《德国刑法典》第224条第1款、第22条、第23条的规定，D对B不构成危险伤害罪未遂。

4. 过失伤害罪，《德国刑法典》第229条（对C）

D的行为涉嫌触犯《德国刑法典》第229条的规定，可能构成过失伤害罪。 **10**

a）行为、结果和因果关系

C的身体受到了伤害，因此构成要件结果已然出现。根据条件公式，D提供饮料的行为与该结果出现之间存在因果关系。

b）客观注意义务之违反

D必须在能够预见和能够避免结果发生的情况下违反了注意义务。这里应当从事前角度进行判断，即以行为人交往圈子中一个谨慎之人在行为人所处的情况下依照日常生活经验所能够预见的情况为标准。[②]问题在于，能否预见所提供的饮料会导致第三人的身体伤害。本案中，可以主张这种情况是不可预见的，因为把别人的饮料喝完与社会所认可的行为方式并不相符。 **11**

---

① BGHSt 51, 18, 22; *Jäger*, JuS 2000, 35; *Hilgendorf*, ZStW 112, 2000, 811, 828; *Wallschläger*, JA 2002, 390; *Wessels/Hettinger*, BT I, Rn. 267.

② *Wessels/Beulke/Satzger*, AT, Rn. 667a; *Zieschang*, S.118.

但生活经验也表明，与他人共饮一杯饮料也不是完全不可能的，比如为了尝尝味道，或是饮料持有人并不想喝完饮料。因此可以认为，饮料被第三人喝下的情况是可以预见的。而且如果D不把有问题的饮料递给B，因喝掉饮料而出现的伤害结果是完全可以避免的。因此D违反了注意义务。

　　c）客观归责

12　　该犯罪行为必须在客观上可以归责于D。 D通过提供问题饮料这一行为创设了一个法所不允许的危险。这一危险在第三人身上以伤害结果的形式得以实现。C对于问题饮料并不知情，因此他并不存在自我答责地自我损害或是自陷风险。该行为在客观上应当归责于D，构成要件得以符合。

　　d）违法性

　　D的行为违法。

　　e）罪责

13　　D的行为必须在主观上也是可预见、可避免且违反注意义务的。本案中并不存在明显的证据表明，D不能认识到行为对第三人造成的危险。同理也可以肯定结果的可避免性以及注意义务之违反。因此，存在主观注意义务之违反，D的行为有责。

　　f）结论

　　依据《德国刑法典》第229条的规定，D对C构成过失伤害罪。

（二）A的刑事可罚性

　　1.伤害罪的间接正犯，《德国刑法典》第223条第1款、第25条第1款第二种情形（对C）

14　　A让D把问题饮料交给B，涉嫌触犯《德国刑法典》第223

条第1款、第25条第1款第二种情形的规定，可能构成伤害罪的间接正犯。

a）构成要件符合性

A并没有亲自实施行为。但依据《德国刑法典》第25条第1款第二种情形的规定，她可以以间接正犯的方式通过他人实施。成立间接正犯的条件在于，行为人将他人作为自己实现构成要件的工具。在这种情形中，被利用者，即行为媒介（Tatmittler）通常在故意、违法性或罪责层面存在刑事可罚性的缺失。A认为D对于问题饮料一无所知，因而D在主观上不具有伤害故意。但D知道喝下饮料会导致恶心呕吐，她实际上具有故意。

问题在于，间接正犯的成立是否仅仅取决于行为人主观上认 **15** 为自己利用了他人作为实施行为的工具。判例[①]在确定正犯的基础上从主观依据出发，认为如果参与者以正犯意思，即以"自任主角意思"（animus-auctoris）而行为，就可以认定间接正犯，若参与者仅以共犯意思，即以"自任配角意思"（animus-socii）而行为，则只具有共犯故意。A主观上认为D的行为是非故意的，并以正犯意思行为，因此依照判例的观点，A构成间接正犯。

文献主流观点则认为，确定正犯属性（Tätereigenschaft）应 **16** 当采取犯罪行为支配这一客观标准。犯罪行为支配被解释为具有故意地对事件进程的"掌控"[②]。如果事实上A相比于D，对于饮料的成分确实具有优势认知，则可以肯定A存在犯罪行为支配。但本案并非如此，因为D的行为有责。因此从犯罪行为支

---

① 例如BGHSt 6, 226; 8, 70; 28, 346。

② *Wessels/Beulke/Satzger*, AT, Rn. 535, 538; 对客观界定意图的批判参见*Baumann/Weber/Mitsch*, AT, § 29 Rn. 59 ff.

配的观点来看，A并不构成间接正犯。

17　　支持后一种观点的理由在于，只有客观的犯罪行为支配才能在一定程度上在正犯和共犯几乎能够任意转换的参与形式间进行可靠的界定。这一优势得到了文献通说观点的赞同[①]，这种观点认为，在本案这种情况下行为发起者（Tatveranlasser）应作为间接实行未遂[②]（以及可能的教唆犯既遂[③]）而被处罚。因此A的行为并不构成间接正犯。

b）结论

A对C不构成伤害罪的间接正犯。

2. 伤害罪未遂的间接正犯，《德国刑法典》第223条第1款、第25条第1款第二种情形、第22条、第23条（对C）

18　　A涉嫌触犯《德国刑法典》第223条第1款、第25条第1款第二种情形、第22条、第23条的规定，对C可能构成伤害罪未遂的间接正犯。

a）预先检验

间接正犯成立的客观前提条件并不存在。依据《德国刑法典》第23条第1款第二种情形、第12条第2款、第223条第2款的规定，伤害罪未遂可罚。

b）行为决意

19　　根据A的设想，她因显著的优势认知而对犯罪行为具有支配，并且依据《德国刑法典》第25条第1款第二种情形的规定将"不具有故意的"D作为工具实施行为。A对以间接正犯的方

[①]　以非主流观点为基础的解决方案参见案例14第二组行为中对C刑事可罚性的详细阐述。

[②]　*Gropp*, AT, § 10 Rn. 77; *Maurach/Gössel/Zipf*, AT/2, § 48 Rn. 112.

[③]　*Jescheck/Weigend*, AT, § 62 III 1; Schönke/Schröder/*Heine/Weißer*, Vor § 25 ff.Rn 76; *Wessels/Beulke/Satzger*, AT, Rn. 549.

式实施犯罪具有行为决意。

A本欲让B而不是让C喝下会引起恶心呕吐的饮料。A对B仅具有伤害故意。然而C的第三人介入导致企图实施行为的D失败（打击错误，详见上文）。对间接正犯而言同样是打击错误[①]，因此A缺少对实际受到伤害的对象C的故意。A不具有行为决意。

c）结论

A对C不构成伤害罪未遂的间接正犯。

3.伤害罪未遂的间接正犯，《德国刑法典》第223条第1款、第25条第1款第二种情形、第22条、第23条（对B）

A涉嫌触犯《德国刑法典》第223条第1款、第25条第1款 **20** 第二种情形、第22条、第23条的规定，对B可能构成伤害罪未遂的间接正犯。

a）预先检验

对B的伤害结果并未出现，也缺乏间接正犯成立的客观前提条件。依据《德国刑法典》第23条第1款第二种情形、第12条第2款、第223条第2款的规定，伤害罪未遂可罚。

b）构成要件符合性

aa）行为决意

A必须对自己的间接正犯性具有行为决意，依据《德国刑 **21** 法典》第25条第1款第二种情形的规定，她利用D作为自己的工具实施行为，并希望通过问题饮料使B受到伤害。因此A具有行为决意。

---

① 即通说，参见 *Jescheck/Weigend*, AT, § 62 III 2; LK/*Schünemann*, 12.Aufl., 2006 ff.; § 25 Rn. 149。

bb）直接着手

依据《德国刑法典》第22条的规定，A还必须直接着手实现构成要件。在间接正犯的场合，何时直接着手是存在争议的。通说认为间接正犯的直接着手应当与直接正犯采取同样的原则。依照这一观点，最晚在行为媒介直接着手实现构成要件时，就可认定间接正犯直接着手。[①]本案中D作为行为媒介已经完成了在她看来实现构成要件所需要的所有动作。因此作为幕后操纵者的A已经直接着手实现构成要件。

c）违法性与罪责

22　A的行为违法且有责。

d）结论

依据《德国刑法典》第223条第1款、第25条第1款第二种情形、第22条、第23条的规定，A对B构成伤害罪未遂的间接正犯。

4. 伤害罪未遂的教唆犯，《德国刑法典》第223条第1款、第22条、第23条、第26条（对B）

23　A涉嫌触犯《德国刑法典》第223条第1款、第22条、第23条、第26条的规定，可能对B构成伤害罪未遂的教唆犯。

a）构成要件

aa）故意且违法的主行为

依据《德国刑法典》第223条第1款、第22条、第23条的规定，D对B的伤害未遂是一个故意且违法的主行为。

bb）教唆行为

24　依据《德国刑法典》第26条的规定，A必须唆使D实施犯

---

① *Wessels/Beulke/Satzger*, AT, Rn. 613.

罪。唆使指的是引起他人的行为决意。[①] A要求D把饮料递给B促使D决定，通过这种方式给B造成身体伤害。因此A在客观上的确唆使了D去实施犯罪。

cc）对主行为的故意

A主观上必须对主行为既遂具有故意。故意是实现构成要件的认知和意欲。A知道饮料会给B造成恶心呕吐的症状并希望出现这种结果，因此，A对伤害罪主行为具有故意。 **25**

dd）教唆故意

A主观上必须对引起D的行为决意具有故意，即对教唆行为具有故意。问题在于，本案中，A打算将D作为工具加以利用，从而构成间接正犯。A并不想教唆D去有责地实施犯罪。 **26**

问题在于，教唆故意能否作为正犯故意的低阶为正犯故意所涵括。部分观点认为并非如此，因为教唆故意在性质上与正犯意思完全不同。[②] 而通说认为，将教唆故意视为正犯故意在性质上的低阶是正确的。[③] 如果行为人以正犯意思行为，那么以较轻的参与形式对他进行谴责就不会使其抱怨。这并不违背《德国基本法》第103条第2款的规定，因为较正犯参与而言，这并没有对共犯创设一个更高量刑范围的例外。[④] 因此通说的观点是值得赞成的，A具有教唆故意。

b）违法性与罪责

A的行为违法且有责。 **27**

---

① *Wessels/Beulke/Satzger*, AT, Rn. 568.

② *Gropp*, AT, § 10 Rn. 77; *Maurach/Gössel/Zipf*, AT/2, § 48 Rn. 113.

③ *Wessels/Beulke/Satzger*, AT, Rn. 549; *Jescheck/Weigend*, AT, § 62 III 1; Schönke/Schröder/ *Heine/Weißer*, Vor § 25 ff.Rn. 80; *Kühl*, AT, § 20 Rn. 87.

④ *Wessels/Beulke/Satzger*, AT, Rn. 549.

c）结论

依据《德国刑法典》第223条第1款、第22条、第23条、第26条的规定，A对B构成伤害罪未遂的教唆犯。

5.过失伤害罪，《德国刑法典》第229条（对C）

28 A把问题饮料交给了D，因此A的行为与C的伤害结果之间存在因果关系。该伤害结果在主观上和客观上都是可预见以及可避免的（详见上文）。这一行为违反了日常交往中必要的注意义务，而该结果客观上也可以归责于A。A虽然不知道D把饮料交给B的时候C也在场，但主观上A并不能完全排除第三人接触到该饮料的可能性。因此A主观上具有过失。

A对C构成《德国刑法典》第229条规定的过失伤害罪。

（三）B的刑事可罚性

1.不作为的伤害罪，《德国刑法典》第223条第1款、第13条第1款（对C）

29 B没有把对症药剂给C，涉嫌触犯《德国刑法典》第223条第1款、第13条第1款的规定，可能构成不作为的伤害罪。

a）构成要件

aa）结果和因果关系

持续的恶心呕吐可以被认为是对身体的乱待以及对健康的损害，因此这里存在伤害结果。但B却没有施以救助，尽管她是可以救助的。B本可以把对症药剂给C，但她却没有这么做。此外，没有施救还必须是结果的原因，也就是说，假设B实施了救助行为，就能够以几近确定的概率避免结果的发生。如果B给C服下了对症药剂，恶心呕吐就会结束。因此可以肯定因果关系的存在。

bb）保证人地位

依据《德国刑法典》第13条的规定，B还必须作为保证人 **30**
而负有防止结果发生的义务。本案中可考虑基于密切的私人关
系而形成的保证人地位。B是C的女朋友。但是对于保证人地位
的形成而言，这种密切的私人关系必须在法律上得以确定，例
如家庭成员之间。[①] 即便是在有婚约的双方之间，密切的私人关
系的形成还必须取决于其他情况。[②] 本案中B和C仅仅是恋人关
系，而且刚刚确立关系不久，因此B并不是C身体健康的保护
型保证人（Beschützergarantin）。

b）结论

由于缺少保证人地位，依据《德国刑法典》第223条第1
款、第13条第1款的规定，B对C不构成不作为的伤害罪。

2. 不进行救助罪，《德国刑法典》第323c条

本案中B的行为还涉嫌触犯《德国刑法典》第323c条的规 **31**
定，可能构成不进行救助罪。

a）构成要件

首先必须存在意外事故（Unglücksfall）。意外事故是指会给
人或有价值的财物带来巨大危险的突发事件。[③] 本案中C只是恶
心呕吐，他的情况并不会继续加重。因此B的行为并不会给他
人带来巨大危险，因此并不符合客观构成要件。

b）结论

依据《德国刑法典》第323c条的规定，B不构成不进行救
助罪。

---

① Schönke/Schröder/*Stree/Bosch*, § 13 Rn. 17.

② BGH JR 1955, 104 附有 Heinitz 的评论。

③ *Wessels/Hettinger*, BT I, Rn. 1044.

（四）最终结论与竞合

1. D的刑事可罚性

依据《德国刑法典》第223条第1款、第22条、第23条的规定，D对B构成伤害罪未遂。依据《德国刑法典》第229条的规定，D对C构成过失伤害罪。二者由自然意义的一行为同时触犯，成立《德国刑法典》第52条的犯罪单数（想象竞合，从一重处罚）。

2. A的刑事可罚性

A对B构成《德国刑法典》第223条第1款、第25条第1款第二种情形、第22条、第23条规定的伤害罪未遂的间接正犯；《德国刑法典》第223条第1款、第22条、第23条、第26条规定的伤害罪未遂的教唆犯。依据《德国刑法典》第229条的规定，A对C构成过失伤害罪。三者成立《德国刑法典》第52条的犯罪单数（想象竞合，从一重处罚）。

3. B的刑事可罚性

B无罪。

四、案例评价

本案难度很高。核心问题在于对行为媒介的善意存在认识错误。

本案中，行为人错误地认为，其所利用的行为媒介是善意的并因而缺少故意或是在罪责层面有所欠缺（例如无罪责能力）。这一问题的解决在体系上与正犯理论相关联。

采取主观说的判例是从行为人的主观认识出发。正犯具有自任主角意思，他将犯罪作为自己的行为，并认为自己掌控着事件进程。据此行为人构成间接正犯。

如果从文献主流观点肯定的犯罪行为支配说出发则会得出不同的结论。依照这一理论，正犯性取决于犯罪行为支配，即正犯是否事实上掌控着事件进程，并按照自己的设想任其发展或是进行阻止。这样的地位可基于正犯相较于行为媒介具有的优势认知而成立。但是本案中这种优势认知以及由此而产生的犯罪行为支配因为位于幕后的正犯对于幕前行为人的善意存在认识错误，而仅仅存在于正犯的主观设想中，客观上并不存在。因此，本案中行为人并不构成既遂的间接正犯。

文献观点的根据在于，只有犯罪行为支配说对于正犯与共犯的界定才是可检验的。如果在被利用者完全有责地实施犯罪行为的情况下依然认为幕后的正犯是"利用他人"实施犯罪，就逾越了《德国刑法典》第25条第1款第二种情形的文义。依照文献观点进行判断在闭卷考试中有明显的益处：在否定了构成间接正犯既遂之后还需要继续考虑的问题是，如何处罚假想的间接正犯。

一般来说，可以考虑这种情况构成所涉具体犯罪未遂的间接正犯[1]，因为此时客观上欠缺的条件在主观上是存在的。通说认为，这里可以选择性地[2]或是同时[3]依据《德国刑法典》第26条的规定构成教唆犯。而接下来的问题就在于如何认定教唆

[1]　*Gropp*, AT, § 10 Rn. 77；*Maurach/Gössel/Zipf*, AT/2, § 48 Rn. 112 f.

[2]　*Jeschenk/Weigend*, AT, § 62 III 1；Schönke/Schröder/*Heine/Weißer*, Vor § 25 ff. Rn. 76；*Wessels/Beulke/Satzger*, AT, Rn. 549.

[3]　LK/*Schünemann*, 12.Aufl., 2006 ff., § 25 Rn. 14.

故意，因为行为人事实上并不想唆使他人实施犯罪，而是自行（即便是利用他人作为工具）实施犯罪。一个强有力的观点通过将教唆故意构建为正犯故意"性质上的低阶"来提供论证。然而这一观点站在法治国的角度并不可取，例如在涉及陈述或是文书犯罪时，教唆的刑罚可能在个案中甚至高于间接正犯（参见《德国刑法典》第154条、第160条、第348条、第271条）。

作为标准答案，认定本案成立间接正犯未遂以及教唆犯既遂的犯罪单数是较为合理的，因为这样可以对所有问题进行阐释，并且能够从一般的犯罪论体系中符合逻辑地推导出结论。

提示： 另一种情况可能是，行为人错误地认为幕前行为人是恶意的，但实际上他只是（善意的）工具。这种情况下，客观上构成间接正犯，而主观上构成教唆犯。行为人由于欠缺故意所以不构成间接正犯。如果假想的被教唆者因为欠缺罪责而成为被利用的工具，则构成既遂的教唆犯。根据限制从属性原则（Regeln der limitierten Akzessorietät），此时存在故意且违法的主行为。如果假想的被教唆者缺少故意，则由于缺少故意的主行为而只能依据《德国刑法典》第30条第1款的规定构成教唆未遂，但如果是教唆他人实施轻罪（Vergehen）的情况，则会存在处罚漏洞。

其他延伸阅读： *Kudlich, Hans*, Zur Übung-Strafrecht: Irrtums-probleme bei der mittelbaren Täterschaft, JuS 2003, 755.

附录一 犯罪构造图解

既遂的故意作为犯

A. 构成要件

I. 客观构成要件

1. 特别的行为人要素 [例如公务员身份（Amtsträgereigenschaft）]

2. 犯罪行为

3. 结果

4. 因果关系

5.（必要时）客观归责

II. 主观构成要件

1. 对所有客观构成要件要素具有故意

2. 其他主观构成要件要素

B. 违法性

I. 考虑违法阻却事由是否存在

II. 针对开放的构成要件（offene Tatbestände），对违法性予以分别确定（例如《德国刑法典》第240条第2款意义上的应受谴责性）

C. 罪责

I. 罪责能力（《德国刑法典》第20条、第21条）

II. 罪责故意（Vorsatzschuld）（在容许构成要件错误的情况下

予以排除）

III. 不法意识（Unrechtsbewusstsein）（在不可避免的禁止错误的情况下予以排除）

IV. 罪责阻却事由（例如《德国刑法典》第33条、第35条）

V. 特别的罪责要素［例如《德国刑法典》第225条第1款规定的恶意（Böswilligkeit）］

D. **个人刑罚排除或刑罚免除事由（persönliche Strafausschlie-ßungs-oder Strafaufhebungsgründe）**

例如《德国刑法典》第306e条第2款规定的主动悔罪

E. **量刑**

例如符合《德国刑法典》第243条规定的原则性例示

F. **刑事诉讼要件（Strafverfolgungsvoraussetzungen）**

例如，需要刑事告诉，《德国刑法典》第194条、第230条、第248a条

未遂的故意作为犯

A. **预先检验**

I. 主行为没有既遂

II. 未遂的刑事可罚性

B. **构成要件**

I. 主观构成要件（行为决意）

1. 对所有客观构成要件要素具有故意

2. 其他主观构成要件要素

II. 客观构成要件

直接着手实行构成要件，《德国刑法典》第22条

C. 违法性

   I. 考虑违法阻却事由是否存在

   II. 针对开放的构成要件，对违法性予以分别确定（例如《德国刑法典》第240条第2款意义上的应受谴责性）

D. 罪责

   I. 罪责能力（《德国刑法典》第20条、第21条）

   II. 罪责故意（在容许构成要件错误的情况下予以排除）

   III. 不法意识（在不可避免的禁止错误的情况下予以排除）

   IV. 罪责阻却事由（例如《德国刑法典》第33条、第35条）

   V. 特别的罪责要素（例如《德国刑法典》第225条第1款规定的恶意）

E. 个人刑罚排除或刑罚免除事由

例如《德国刑法典》第24条规定的中止、第306e条第2款规定的主动悔罪

F. 量刑

例如符合《德国刑法典》第243条规定的原则性例示

G. 刑事诉讼要件

例如，需要刑事告诉，《德国刑法典》第194条、第230条、第248a条

过失作为犯

A. 构成要件

   I. 结果、犯罪行为和因果关系

   II. 结果出现在客观上可预见时的客观注意义务之违反

   III.结果的客观归责，尤其是：

    1. 保护目的关联性（Schutzzweckzusammenhang）

    2. 义务违反关联性（Pflichtwidrigkeitszusammenhang）

    3. 自我答责原则（Eigenverantwortlichkeitsprinzip）

B. 违法性

C. 罪责

I. 罪责能力（《德国刑法典》第20条、第21条）

II. 特别的罪责要素

III. 构成要件行为的个人应受谴责性

    1. 结果出现在主观上可预见时的主观注意义务之违反

    2. 不法认识（Unrechtseinsicht）的可能性（潜在的不法意识）

IV. 包括对合规范行为的不可期待性（Unzumutbarkeit）的罪责阻却事由

D. 个人刑罚排除或刑罚免除事由

例如《德国刑法典》第306e条第2款规定的主动悔罪

E. 刑事诉讼要件

例如，需要刑事告诉，《德国刑法典》第230条

故意的不真正不作为犯

A. 构成要件

I. 客观构成要件

    1. 预先检验（如重要，则进行）

    ——区分作为（Tun）与不作为（Unterlassen）

    ——有所不为（Untätigbleiben）的行为属性

    2. 出现符合构成要件的结果

3. 尽管有身体移动的可能，然而没有实施客观必要以及法律要求之行为

4. 因果关系

5. 保证人地位

6. 不作为相较于积极作为（positives Tun）的等价性〔只针对行为定式犯（verhaltensgebundene Delikte）〕

II. 主观构成要件

1. 对所有客观构成要件要素具有故意

2. 其他主观构成要件要素

B. 违法性

C. 罪责

检验参考既遂的故意作为犯；特殊之处：对合规范行为的不可期待性作为其他的罪责阻却事由

D. 个人刑罚排除或刑罚免除事由

例如《德国刑法典》第306e条第2款规定的主动悔罪

E. 量刑

例如符合《德国刑法典》第243条规定的原则性例示

F. 刑事诉讼要件

例如，需要刑事告诉，《德国刑法典》第194条、第230条、第248a条

共同正犯

提示： 当个人的犯罪贡献具有不同的比重并且不能肯定是否所有的参与者满足《德国刑法典》第25条第2款规定的前提时，需要对参与者分别进行检验。与此相反，若共同实施犯罪

十分明显，则进行合并检验。

A. 构成要件

I. 客观构成要件

1. 特别的行为人要素（例如公务员身份）

2. 非本人实现的一个构成要件要素：归责依据《德国刑法典》第25条第2款的规定

a)共同的犯罪行为计划

b)共同的犯罪实行

与共犯的区别：犯罪行为支配说或者主观说

II. 主观构成要件

1. 对所有客观构成要件要素（包括犯罪行为支配）具有故意

2. 其他主观构成要件要素

III.《德国刑法典》第28条第2款规定的构成要件偏移

B. 违法性

C. 罪责

检验参考既遂的故意作为犯

D. 个人刑罚排除或刑罚免除事由

例如《德国刑法典》第306e条第2款规定的主动悔罪、第24条规定的中止

E. 量刑

例如符合《德国刑法典》第243条规定的原则性例示

F. 刑事诉讼要件

例如，需要刑事告诉，《德国刑法典》第194条、第230条、第248a条

间接正犯（幕后操纵者）

提示：针对间接正犯，对行为媒介的刑事可罚性检验要先于对幕后操纵者的检验。只有当行为媒介的行为完全不符合构成要件、不违法或完全无责时，才考虑构成间接正犯。

A. 构成要件

I. 客观构成要件

1. 特别的行为人要素（例如公务员身份）

2. 非本人实现的一个构成要件要素：归责依据《德国刑法典》第25条第1款第二种情形的规定

a)幕后操纵者的认知支配与意欲支配

b)行为媒介的工具属性：在构成要件、违法性以及罪责层面的缺失

II. 主观构成要件

1. 对所有客观构成要件要素（包含犯罪行为支配）具有故意

2. 其他主观构成要件要素

III.《德国刑法典》第28条第2款规定的构成要件偏移

B. 违法性

C. 罪责

检验参考既遂的故意作为犯

D. 个人刑罚排除或刑罚免除事由

例如《德国刑法典》第306e条第2款规定的主动悔罪

E. 量刑

例如符合《德国刑法典》第243条规定的原则性例示

F. 刑事诉讼要件

例如，需要刑事告诉,《德国刑法典》第194条、第230条、
第248a条

教唆犯与帮助犯

A. 构成要件

I. 客观构成要件

1. 可参与的（故意且违法的）主行为

2. 教唆行为以及帮助行为

a) 教唆：引起行为决意

b) 帮助：对主行为的支持贡献

II. 主观构成要件

1. 对主行为具有故意

2. 对教唆以及帮助行为具有故意

B. 违法性

C. 罪责

检验参考既遂的故意作为犯

D. 个人刑罚排除或刑罚免除事由

例如,《德国刑法典》第306e条第2款规定的主动悔罪

E. 量刑

例如，符合《德国刑法典》第243条规定的原则性例示

F. 刑事诉讼要件

例如，需要刑事告诉,《德国刑法典》第194条、第230条、
第248a条

附录二　重要的概念定义

1. 攻击（Angriff）（《德国刑法典》第32条第2款），即通过人的行为对法律所保护的法益造成直接的威胁。

2. 毫无猜疑（arglos）[《德国刑法典》第211条第2款中的谋杀要素之阴险（Heimtücke）]，指被害人在行为时间点没有预料到自己的生命以及身体完整性会受到暴力攻击。

3. 实行终了的未遂（beendeter Versuch）（《德国刑法典》第24条），行为人在实施了最后的行为之后相信自己已经完成了实现构成要件所必要的全部行为。

4. 满足性欲（Befriedigung des Geschlechtstriebes）（《德国刑法典》第211条第2款），指行为人通过杀人行为追求性欲的满足，或是他之所以杀人是为了在杀人之后实施奸尸。

5. 损坏（beschädigen）（《德国刑法典》第303条第1款），指通过身体的作用，使财物的实体或常规用途受到严重损害。

6. 唆使（bestimmen）（《德国刑法典》第26条），指引起他人的行为决意。

7. 间接故意［故意（Vorsatz）]（dolus eventualis），是指行为人认识到存在实现构成要件的可能性但对其认可接受。

8. 侵入（eindringen）（《德国刑法典》第123条第1款），指违背权利人的意志踏入其受保护的空间。

9. 必要的（erforderlich）防卫行为（《德国刑法典》第32

条第2款），指为了终止违法攻击，不存在与该防卫行为具有相同效果且更为温和的手段。

10. 失败（fehlgeschlagen）未遂（《德国刑法典》第24条），指行为人所实施的行为并没有实现他的目标，且行为人认识到，在当时的手段条件下并不能实现该目标，或者只有推迟相当长一段时间才能实现。失败未遂还包括目标实现对于行为人而言完全没有意义的情况。

11. 自愿性（Freiwilligkeit）（《德国刑法典》第24条），指动机源于自律性，即行为人仍然能够主宰自己的决定，而没有受到来自内在或是外在的强制。

12. 他人（fremd）财物（《德国刑法典》第303条第1款），指的是财物至少处于与他人共同所有之下，而不为行为人单独所有，也不是无主物。

13. 适当的（geeignet）防卫行为（《德国刑法典》第32条第2款），指的是所采取的防卫手段能够迅速地终止违法攻击，并且彻底排除危险。

14. 危险工具（gefährliches Werkzeug）（《德国刑法典》第224条第1款第2项第二种情形），指就其客观属性及其具体的使用方式而言，能够造成严重身体伤害的物体。

15. 现时的（gegenwärtig）攻击（《德国刑法典》第32条第2款），指攻击即将发生（bevorsteht）、已经开始（begonnen）或是仍在持续（andauert）。

16. 现时的（gegenwärtig）危险（《德国刑法典》第34条），指如果任由事件自然发展而不立即采取任何避险措施的话，一定会出现或者极有可能出现损害结果。

17. 危害公共安全的（gemeingefährlich）方法（《德国刑法典》第211条第2款），指在具体的情况下，行为人并不能完全控制自己所采取之方法的作用方式，而该方法能够给不确定的多数人的生命和健康造成危险。

18. 与他人共同实施（gemeinschaftlich）伤害行为（《德国刑法典》第224条第1款第4项），指至少有二人共同对被害人直接造成了伤害。

19. 经营场所（Geschäftsräume）（《德国刑法典》第123条第1款），指至少暂时用于工商业、艺术、科学或类似目的的封闭的运营和销售场所。

20. 损害健康（Gesundheitsschädigung）（《德国刑法典》第223条第1款第二种情形），指引起或加剧他人偏离于身体正常状态的病理状态。

21. 毒物（Gift）（《德国刑法典》第224条第1款第1项第一种情形），指在一定条件下能够通过化学或是物理—化学作用对身体健康造成巨大损害的有机物或无机物。

22. 手段残暴（grausam）（《德国刑法典》第211条第2款），指行为人冷酷无情地给被害人施加痛苦或折磨，这些痛苦和折磨在强度、频率以及持续性上都远远高于杀人所必要的程度。

23. 贪婪（Habgier）（《德国刑法典》第211条第2款），指肆无忌惮、冷酷无情地不惜任何代价追求利益的心理状态。

24. 阴险（Heimtücke）（《德国刑法典》第211条第2款），是指行为人明知被害人处于毫无猜疑且毫无防备的境地，却对其有敌意地加以利用。有的观点认为，除此之外行为人还必须应受谴责地失信于被害人。

25. 提供帮助（Hilfeleisten）（《德国刑法典》第27条），指在物理或精神上使主行为成为可能或变得更为容易的各种行为贡献。

26. 阴险的（hinterlistig）（《德国刑法典》第224条第1款第3项），指行为人按照计划掩饰了自己的伤害意图，从而使被害人难以进行防卫。

27. 设想一个行为若不存在，则某个具体形态的结果不会发生，那么该行为就是该具体结果的必要条件，在这个意义上，行为与结果之间存在因果关系（Kausal im Sinne einer notwendigen Bedingung）。

28. 乱待身体（körperliche Misshandlung）（《德国刑法典》第223条第1款第一种情形），是指所有险恶、失当地给他人的身体安宁或身体完整性造成明显损害的行为。

29. 危害生命的方式（eine das Leben gefährdende Behandlung）（《德国刑法典》第224条第1款第5项），指（抽象地来看，abstrakt）能够使被害人的生命陷入危险的方式。

30. 共同正犯（Mittäterschaft）（《德国刑法典》第25条第2款），是指基于共同的犯罪行为计划而共同地实施犯罪。

31. 间接正犯（mittelbarer Täter）（《德国刑法典》第25条第1款第二种情形），是指将他人作为工具实施犯罪。作为工具的他人应当呈现刑事可罚性缺失，即他的行为不符合客观构成要件、非故意、无目的、不违法或无责。

32. 杀人嗜好（Mordlust）（《德国刑法典》第211条第2款），指行为人乐于见到他人的死亡，即他是为了杀人而杀人。

33. 其他的卑劣动机（sonstige niedrige Beweggründe）（《德

国刑法典》第211条第2款），指处于道德底层，以一般的价值观念衡量应受严重谴责甚至应受完全鄙视的行为动机。

34. 尽管结果在客观上可预见且可避免，但行为人仍然忽视了日常交往中必要的注意，那么他的行为就在客观上违反了注意义务（objektiv sorgfaltspflichtwidrig）（即过失行为）。在判断客观注意义务之违反时采取"事前标准"，即必须从损害发生之前的角度进行判断。

35. 行为人交往圈子中一个谨慎之人在行为人所处的情况下依照日常生活经验所能够预见的就是在客观上可预见的（objektiv vorhersehbar）。

36. 如果行为人创设了法所不允许的危险，且这一危险在具体结果中得以实现，那么该结果在客观上便可以归责于行为人（objektiv zurechenbar）。

37. 假设一个行为的实施以几近确定的概率能够避免具体结果的出现，则不实施该行为与结果之间就具有拟制的因果关系（quasikausal）（不真正不作为犯）。严格来说，"拟制的因果关系"这个提法是没有必要的，因为无论是在作为犯还是在不作为犯中，因果关系的查明都是以条件公式为基础。

38. 违法的（rechtswidrig）行为（《德国刑法典》第32条第2款），指该行为不符合法秩序。在刑法中，构成要件符合性是违法性存在的征表（indiziert）。如果不存在违法阻却事由，该行为就是违法的。

39. 财物（Sachen）（《德国刑法典》第242条第1款、第303条第1款），指任何有体的标的（与《德国民法典》第90a条不同之处在于，此处的物包括动物）。

40. 行为决意（Tatentschluss）（未遂）包括对所有客观构成要件要素的故意以及其他可能存在的主观构成要件要素。

41. 依照主客观说（subjektiv-objektive Theorie），犯罪行为支配（Tatherrschaft）（《德国刑法典》第25条）是指怀有故意地掌控符合构成要件的事件进程。

42. 杀人（töten）（《德国刑法典》第212条）是指导致他人死亡。

43. 突然袭击（Überfall）（《德国刑法典》第224条第1款第3项），指对毫不知情的被害人进行突发的、出乎意料的攻击。

44. 未实行终了的未遂（unbeendeter Versuch）（《德国刑法典》第24条），指行为人在结束了最后的实行行为之后，认为还没有完成自己设想中实现犯罪既遂所必要的全部行为。

45. 意外事故（Unglücksfall）（《德国刑法典》第323c条），指给人或有价值的财物带来巨大危险的突发事件。

46. 直接着手（unmittelbares Ansetzen）（《德国刑法典》第22条），指行为人主观上已经越过"现在开始动手"（jetzt geht's los）的界限，且客观上也已经开始了实行行为，不需要中间步骤就能顺利实现构成要件。

47. 如果行为人恪守良知并竭尽其全部认识能力能够认识到自己行为的不法，则行为人的禁止错误就是可避免的（vermeidbar）（《德国刑法典》第17条）。

48. 故意（Vorsatz）（《德国刑法典》第15条），指对所有符合构成要件的情状存在认识，实现构成要件的意欲（简化公式便是：故意是实现构成要件的认知和意欲）。

49. 武器（Waffe）（《德国刑法典》第224条第1款第2项第

一种情形），指就其性质而言能给人造成严重伤害的物体。

50. 毫无防备（wehrlos）（《德国刑法典》第211条第2款中的谋杀要素之阴险），指由于毫无猜疑没有能力防卫攻击或是防卫能力严重受限。

51. 住宅（Wohnung）（《德国刑法典》第123条），是指主要用于人们持续居住或使用的空间整体。

52. 毁坏（zerstören）（《德国刑法典》第303条第1款），指物的存在性被毁灭或者受到本质性损害以致常规用途完全丧失。

词汇简全称对照表

a. A.	anderer Ansicht
Abs.	Absatz
AG	Amtsgericht
Alt.	Alternative
Anh.	Anhang
Aufl.	Auflage
BayObLG	Bayerisches Oberstes Landesgericht
Bd.	Band
BGB	Bürgerliches Gesetzbuch
BGH	Bundesgerichtshof
BGHZ	Entscheidungen des Bundesgerichtshofs in Zivilsachen
BT-Drs.	Bundestagsdrucksache
BVerfGE	Entscheidungen des Bundesverfassungsgerichts
bzw.	beziehungsweise
ca.	circa
f. (ff.)	folgende (Plural)
FamRZ	Zeitschrift für das gesamte Familienrecht
FG	Festgabe
Fn.	Fußnote
FS	Festschrift
gem.	gemäß
GG	Grundgesetz
ggf.	gegebenenfalls
h. M.	herrschende Meinung
h. L.	herrschende Lehre
Hs.	Halbsatz
insb.	insbesondere
i. e. S.	im engeren Sinne
i. S. d.	im Sinne des

i.S.v. .... im Sinne von
i.V.m. .... in Verbindung mit

JA .... Juristische Arbeitsblätter (Zeitschrift)
JR .... Juristische Rundschau (Zeitschrift)
Jura .... Juristische Ausbildung (Zeitschrift)
JuS .... Juristische Schulung (Zeitschrift)
JZ .... Juristenzeitung

LG .... Landgericht
Lit. .... Literatur

m.w.N. .... mit weiteren Nachweisen

NJW .... Neue Juristische Wochenschrift (Zeitschrift)
Nr. .... Nummer

OLG .... Oberlandesgericht

Rn. .... Randnummer
Rspr. .... Rechtsprechung

s. .... siehe
S. .... Seite, Satz
sog. .... sogenannt
StGB .... Strafgesetzbuch

Var. .... Variante
vgl. .... vergleiche

z.B. .... zum Beispiel
z.T. .... zum Teil

文献简全称对照表

Kindhäuser, AT	*Kindhäuser*, Strafrecht – Allgemeiner Teil, 6. Aufl., 2013
Kindhäuser, BT I	*Kindhäuser*, Strafrecht – Besonderer Teil I, 6. Aufl., 2013
Kindhäuser, BT II	*Kindhäuser*, Strafrecht – Besonderer Teil II, 8. Aufl., 2014
Köhler, AT	*Köhler*, Strafrecht, Allgemeiner Teil, 4. Aufl., 2013
Krey/Esser AT	*Krey/Esser*, Deutsches Strafrecht – Allgemeiner Teil, 5. Aufl., 2012
Krey/M. Heinrich, BT I ..	*Krey/M. Heinrich*, Strafrecht – Besonderer Teil, Bd. 1, 15. Aufl., 2012
Krey/Hellmann, BT II	*Krey/Hellmann*, Strafrecht – Besonderer Teil, Bd. 2, 16. Aufl., 2012
Kudlich, AT	*Kudlich*, Strafrecht Allgemeiner Teil, 4. Aufl., 2013 (Prüfe dein Wissen)
Kudlich, BT I	*Kudlich*, Strafrecht Besonderer Teil I, 3. Aufl., 2013 (Prüfe dein Wissen)
Kudlich, BT II	*Kudlich*, Strafrecht Besonderer Teil II, 3. Aufl., 2013 (Prüfe dein Wissen)
Kudlich Fälle AT	*Kudlich*, Fälle zum Strafrecht Allgemeiner Teil, 2. Aufl., 2014
Kühl, AT	*Kühl*, Strafrecht – Allgemeiner Teil, 7. Aufl., 2012
Lackner/Kühl/Heger	*Lackner/Kühl/Heger*, Strafgesetzbuch, 28. Aufl., 2014
LK/*Bearbeiter*	Strafgesetzbuch, Leipziger Kommentar, 11. Aufl., 1992 ff.; 12. Aufl., 2006 ff.
Maurach/Gössel/Zipf, AT/2	*Maurach/Gössel/Zipf*, Strafrecht – Allgemeiner Teil, Teilbd. 2, 8. Aufl., 2014
Maurach/Schroeder/ Maiwald, BT/1	*Maurach/Schroeder/Maiwald*, Strafrecht – Besonderer Teil, Teilbd. 1, 10. Aufl., 2009
Maurach/Schroeder/ Maiwald, BT/2	*Maurach/Schroeder/Maiwald*, Strafrecht – Besonderer Teil, Teilbd. 2, 10. Aufl., 2012
Mitsch, BT II	*Mitsch*, Strafrecht – Besonderer Teil 2, 3. Aufl., 2015
MünchKomm-StGB/ *Bearbeiter*	Münchener Kommentar zum Strafgesetzbuch, 2003 ff.
NK/*Bearbeiter*	*Kindhäuser/Neumann/Paeffgen*, Nomos-Kommentar zum Strafgesetzbuch, 4. Aufl., 2013
Otto, AT	*Otto*, Grundkurs Strafrecht, Allgemeine Strafrechtslehre (AT), 7. Aufl., 2005
Otto/Bosch, BT	*Otto*, Grundkurs Strafrecht – Die einzelnen Delikte (BT), 8. Aufl., 2011
Otto/Bosch	*Otto/Bosch*, Übungen im Strafrecht, 7. Aufl., 2010
Rengier	*Rengier*, Strafrecht – Allgemeiner Teil, 3. Aufl., 2011
Rengier, BT I	*Rengier*, Strafrecht – Besonderer Teil I, 17. Aufl., 2015
Rengier, BT II	*Rengier*, Strafrecht – Besonderer Teil II, 15. Aufl., 2014
Roxin, AT I	*Roxin*, Strafrecht – Allgemeiner Teil I, 4. Aufl., 2006

Roxin, AT II	*Roxin*, Strafrecht – Allgemeiner Teil II, 2003
Rüping/Jerouschek	*Rüping/Jerouschek*, Grundriss der Strafrechtsgeschichte, 6. Aufl., 2011
Schmidhäuser	*Schmidhäuser*, Vom Sinn der Strafe, 2. Aufl., 1971; herausgegeben und mit einer Einleitung versehen von *Hilgendorf*, 2. Aufl., 2007
Schönke/Schröder/ *Bearbeiter*	*Schönke/Schröder*, Kommentar zum Strafgesetzbuch, 28. Aufl., 2010
Schroth, BT	*Schroth*, Strafrecht – Besonderer Teil, 5. Aufl., 2010
SK/*Bearbeiter*	Systematischer Kommentar Strafgesetzbuch, Loseblattausgabe, Stand 2010
SSW/*Bearbeiter*	*Satzger/Schluckebier/Widmaier*, Kommentar zum Strafgesetzbuch, 2. Aufl., 2013
Stratenwerth/Kuhlen	*Stratenwerth/Kuhlen*, Strafrecht – Allgemeiner Teil, 6. Aufl., 2011
Valerius	*Valerius*, Einführung in den Gutachtenstil, 3. Aufl., 2009
Welzel	*Welzel*, Das deutsche Strafrecht, 11. Aufl., 1969
Wessels/Beulke/ Satzger, AT	*Wessels/Beulke/Satzger*, Strafrecht – Allgemeiner Teil: Die Straftat und ihr Aufbau, 44. Aufl., 2014
Wessels/Hettinger, BT I	*Wessels/Hettinger*, Strafrecht – Besonderer Teil/1, 38. Aufl., 2014
Wessels/Hillenkamp, BT II	*Wessels/Hillenkamp*, Strafrecht – Besonderer Teil/2, 37. Aufl., 2014
Wittig	*Wittig*, Wirtschaftsstrafrecht, 3. Aufl., 2014
Zieschang	*Zieschang*, Strafrecht – Allgemeiner Teil, 4. Aufl., 2014
Zippelius	*Zippelius*, Juristische Methodenlehre, 11. Aufl., 2012

关键词索引

法律人进阶译丛

⊙ 法学启蒙

《法律研习的方法：作业、考试和论文写作（第9版）》，

　　〔德〕托马斯·M. J.默勒斯著，2019年出版

《如何高效学习法律（第8版）》，〔德〕芭芭拉·朗格著

《如何解答法律题：解题三段论、正确的表达和格式（第11版增补本）》，

　　〔德〕罗兰德·史梅尔著，2019年出版

《法律人的实习与入职：阶段、机会与申请（第2版）》，

　　〔德〕托尔斯滕·维斯拉格、斯特凡妮·贝格曼等著

⊙ 法学基础

《民法学入门：民法总则讲义·序论（第2版增订本）》，〔日〕河上正二著，

　　2019年出版

《民法的基本概念（第2版）》，〔德〕汉斯·哈腾豪尔著

《民法总论》，〔意〕弗朗切斯科·桑多罗·帕萨雷里著

《物权法（第32版）》，〔德〕曼弗雷德·沃尔夫、马尼拉·威伦霍夫著

《债法各论（第12版）》，〔德〕迪克·罗歇尔德斯著

《刑法分则I：针对财产的犯罪（第21版）》，〔德〕鲁道夫·伦吉尔著

《刑法分则II：针对人身与国家的犯罪（第20版）》，

　　〔德〕鲁道夫·伦吉尔著

《基本权利（第6版）》，〔德〕福尔克尔·埃半著

《法律解释（第6版）》，〔德〕罗尔夫·旺克著

《德国民法总论（第41版）》，〔德〕赫尔穆特·科勒著

⊙ 法学拓展

《奥地利民法概论：与德国法相比较》，

　　〔奥〕伽布里菈·库齐奥、海尔穆特·库齐奥著，2019年出版

《民事诉讼法（第4版）》，〔德〕彼得拉·波尔曼著

《所有权危机：数字经济时代的个人财产权保护》，

　　〔美〕亚伦·普赞诺斯基、杰森·舒尔茨著

《消费者保护法》，〔德〕克里斯蒂安·亚历山大著

《日本典型担保法》，〔日〕道垣内弘人著

《日本非典型担保法》，〔日〕道垣内弘人著

⊙案例研习

《德国大学刑法案例辅导（新生卷·第三版）》，〔德〕埃里克·希尔根多夫著

《德国大学刑法案例辅导（进阶卷·第二版）》，〔德〕埃里克·希尔根多夫著

《德国大学刑法案例辅导（司法考试备考卷·第二版）》，

　　〔德〕埃里克·希尔根多夫著

《民法总则（第5版）》，〔德〕约尔格·弗里茨舍著

《法定之债（第3版）》，〔德〕约尔格·弗里茨舍著

《意定之债（第6版）》，〔德〕约尔格·弗里茨舍著

《物权法（第4版）》，〔德〕延斯·科赫、马丁·洛尼希著

《德国劳动法案例（第4版）》，〔德〕阿博·容克尔著

《德国商法案例（第3版）》，〔德〕托比亚斯·勒特著

⊙经典阅读

《法学中的体系思维和体系概念》，〔德〕卡纳里斯著

《法律漏洞的发现（第2版）》，〔德〕克劳斯-威廉·卡纳里斯著

《欧洲民法的一般原则》，〔德〕诺伯特·赖希著

《欧洲合同法（第2版）》，〔德〕海因·克茨著

《民法总论（第4版）》，〔德〕莱因哈德·博克著

《法学方法论》，〔德〕托马斯·M. J. 默勒斯著

《日本新债法总论（上下卷）》，〔日〕潮见佳男著